# 天皇家のお葬式

大角 修



講談社現代新書

2449

# はじめに　時代の変化を映す天皇の葬儀

平成二十八年（二〇一六）八月八日、天皇が異例のビデオメッセージの形で生前退位を望む旨の「おことば」を述べられた。詳しくは「象徴としてのお務めについての天皇陛下のおことば」という。左はその冒頭である。

戦後70年という大きな節目を過ぎ、2年後には、平成30年を迎えます。
私も80を越え、体力の面などから様々な制約を覚えることもあり、ここ数年、天皇としての自らの歩みを振り返るとともに、この先の自分の在り方や務めにつき、思いを致すようになりました。

（中略）

即位以来、私は国事行為を行うと共に、日本国憲法下で象徴と位置づけられた天皇の望ましい在り方を、日々模索しつつ過ごして来ました。伝統の継承者として、これを守り続ける責任に深く思いを致し、更に日々新たになる日本と世界の中にあって、日本の皇室が、いかに伝統を現代に生かし、いきいきとして社会に内在し、人々の期待に応えていくかを考えつつ、今日に至っています。

この「おことば」を受けて、天皇と皇室のありかたがさかんに論じられるようになり、平成二十九年六月に生前退位を可能にする皇室典範特例法が成立した。

「おことば」で天皇は自身の葬儀についても語られている。

これまでの皇室のしきたりとして、天皇の終焉に当たっては、重い殯《もがり》の行事が連日ほぼ2ヶ月にわたって続き、その後喪儀《そうぎ》に関連する行事が、1年間続きます。その様々な行事と、新時代に関わる諸行事が同時に進行することから、行事に関わる人々、とりわけ残される家族は、非常に厳しい状況下に置かれざるを得ません。こうした事態を避けることは出来ないものだろうかとの思いが、胸に去来することもあります。

現在、天皇の陵所は東京都八王子市の武蔵陵墓地《むさしりよう》（多摩御陵《たまごりよう》）にあり、大正天皇・皇后、昭和天皇・皇后の大きな四基の円墳が築かれている。それぞれ土葬されたのだが、今の天皇は火葬を希望されているという。宮内庁が平成二十五年十一月に発表した「今後の御陵及び御喪儀のあり方についての天皇皇后両陛下のお気持ち」という文がある。

天皇皇后両陛下から、御陵の簡素化という観点も含め、火葬によって行うことが望ましいというお気持ちを、かねてよりいただいていた。

これは、御陵用地の制約の下で、火葬の場合は御陵の規模や形式をより弾力的に検討できるということ、今の社会では、既に火葬が一般化していること、歴史的にも天皇皇后の葬送が土葬、火葬のどちらも行われてきたこと、からのお気持ちである。


歴代天皇で初めて火葬されたのは持統《じとう》天皇で、千三百年も昔の大宝三年（七〇三）のことだった。以来、天皇の葬法は火葬だったり土葬だったりし、江戸時代初期の承応《じょうおう》三年（一六五四）に崩じた後光明《ごこうみょう》天皇からはずっと土葬である。

江戸時代の天皇の葬儀は京都東山の泉涌寺《せんにゅうじ》で行われた。もちろん仏式の葬儀で、遺体は境内の「帝王陵」と呼ばれる区画に埋葬された。「陵」といっても墳丘があるわけではなく、大名の墓に似た石塔が立ち並んでいる。

古墳のような墳丘が復活したのは、幕末の慶応《けいおう》二年（一八六七）に崩じた孝明《こうめい》天皇のときだった。尊王攘夷《そんのうじょうい》運動が高まり、明治維新に向かう時期のことである。王政復古の気運は天皇陵の形にも及び、墳丘が築かれたのである。ただし、その場所は泉涌寺の裏山で、葬儀も泉涌寺で行われた。

明治天皇の葬儀は大正元年（一九一二）九月十三日の夜、神仏分離によって神道式で行われた。その葬列には平安時代の装束のほかに洋装の礼服もあり、儀仗隊《ぎじょうたい》や軍楽隊も加わって和洋混在の葬儀であった。もとは白だった喪服が黒になったのも欧米の風習を採り入れたもので、明治時代からである。

告別式にあたる葬場殿《そうじょうでん》の儀は東京の青山練兵場で執り行われ、柩《ひつぎ》は陵がつくられた京都の伏見《ふしみ》桃山《ももやま》に列車で運ばれた。霊柩列車は十四日午前零時四十分、送別の号砲とともに青山仮停車場（現在のＪＲ千駄ヶ谷駅）から発車。その時刻に陸軍大将乃木《のぎ》希典《まれすけ》と妻静子が自邸で自刃。殉死だった。

その後、朝日新聞に「心　先生の遺書」の連載を開始したのが夏目漱石である。

夏の暑い盛りに明治天皇が崩御になりました。其時《そのとき》私は明治の精神が天皇に始まって天皇に終ったような気がしました。（中略）

御大葬の夜私は何時《いつ》もの通り書斎に坐って、相図の号砲を聞きました。私にはそれが明治が永久に去った報知のごとく聞こえました。後で考えると、それが乃木大将の永久に去った報知にもなっていたのです。

（連載原稿百九・百十）

明治天皇の崩御と葬儀は、維新から四十五年、近代日本の歩みにひとつの区切りをつける出来事だった。作家の田山花袋《たやまかたい》は「明治天皇陛下、"Mutsuhito the great" 中興の英主、幼くして艱難《かんなん》に生い立たれて、種々の難関、危機を通過されて、日本を今日のような世界的の立派な文明に導かれた聖上《せいじよう》、その聖上の御一生を思うと、涙の滂沱《ぼうだ》たるを誰も覚えぬものはなかった」と回顧録『東京の三十年』に記している。

その明治天皇をまつるため、東京に創建されたのが明治神宮である。近隣に葬場になった青山練兵場があり、そこは神宮外苑に改めて近代的なスポーツ公園として整備された。現在、神宮球場、秩父宮ラグビー場、二〇二〇年東京五輪メインスタジアムとして建設中の新国立競技場などがある。

ところで、明治神宮は明治天皇・皇后の二柱を祭神とするが、明治天皇には多くの側室があった。一夫一婦制になるのは大正天皇からである。また、大正天皇は子を生母の実家などに預けて養育する皇室のしきたりを廃し、身近において育てた。大正デモクラシーを象徴するようなニューファミリーである。しかし、そのころから天皇や皇太子の行先で民衆が一斉に日の丸の小旗を振って出迎えるような集団行動が目立つようになった。

そして昭和二年（一九二七）の大正天皇の葬儀は、放送開始から間もないラジオで実況中継され、葬場での一同礼拝の時報に合わせて全国一斉に遥拝が行われた。それはあたかも、迫り来る国家総動員の戦時体制の予兆のようであった。

次の昭和天皇の在位は歴代最長の六十四年に及ぶ。その長い期間に、昭和二十年の敗戦があり、天皇のありかたがまったく変化した。大日本帝国憲法では「大日本帝国ハ万世一系ノ天皇之ヲ統治ス」といい、戦後の日本国憲法では「天皇は、日本国の象徴であり日本国民統合の象徴であつて、この地位は、主権の存する日本国民の総意に基く」という。

もちろん、憲法に定められたからといって、それに伴う政府や国民の行動がなければ意味をなさない。帝国憲法が統治者と定めた「万世一系ノ天皇」も、現行憲法にいう「日本国民統合の象徴」である天皇も、さまざまな出来事を通して、その内実を獲得していった。逆にいえば、「天皇とは何か」を法理論や抽象的な思想によって考えても、一般の国民が思う天皇のことはよくわからない。それよりも、「あのとき、こんなことがあった」という具体的な事象をたどれば、天皇とは何かをもっとよく理解する糸口になるだろう。

本書は古代から現代に至る天皇の葬儀の変遷をたどるが、それは日本の歴史を知ることにもなるだろう。というのは、葬儀はしきたりが重んじられるので、なかなか変わらない。天皇の葬儀の形が変化するときは、時代そのものが大きく変化していることを表しているからである。本書では、とくに明治・大正・昭和三代の葬儀に重点を置く。それは明治維新以来の近現代日本の歩みを鏡のように映す出来事であった。

平成元年（一九八九）に行われた昭和天皇の葬儀に際しては、はたして国が関与してよいのかどうかが問題になった。憲法の政教分離原則に抵触するのではないかというわけだ。しかも、戦前の皇室令がすべて廃止されていたので、天皇の葬儀を実施するための法令もなかった。また、天皇の戦争責任が改めて問われた。

とはいえ、亡き天皇の葬儀をしないわけにはいかない。国をあげての大葬となったのだが、柩を安置した祭壇の前の鳥居が可動式で、行ったり来たりする珍事が生じた。なぜそんなことになったのかは第十一章「昭和天皇の大葬　新憲法のもとで」で述べる。

今日、一般の葬儀は個人化がいちじるしい。しかし、かつて葬儀は家と地域の行事で、「お葬式」には親類・縁者も近隣の人も、何をおいても駆けつけるものだった。なかでも「天皇家」の葬儀は日本という国家のありかたを示す。その意味をこめて本書のタイトルを『天皇家のお葬式』とした。

以上を本書の趣旨として、第一章は明治天皇の陵がなぜ京都の伏見桃山につくられたのかという謎から始めたい。

明治天皇陵は、じつは東京近辺につくられるはずだった。京都の伏見が陵所に選定されたことに対して、時の内務大臣だった原敬《はらたかし》は「何か特別の理由ある事と思ふ」と釈然としない思いを日記に書き残している。内政全般に責任を負う内務大臣でさえ知らない理由とは何だったのか。それも近代史の一面をものがたる出来事であった。

# 天皇家のお葬式　目次

【凡例】
＊天皇の葬儀は「大喪」とも「大葬」とも表記される。本書では引用文を除いて「大葬」とした。
＊引用文の旧字は新字に改めた。
＊引用文には適宜ルビをつけ、（ ）内に語注を補足した。
＊引用文の文の区切りにスペースを補足し、また字間のスペースをつめて読みやすくした。
＊引用文献の詳細は巻末にあげる。
＊江戸時代までの年齢は数え年齢、以降はその年の満年齢である。
＊陵名は宮内庁による。読み方は宮内庁では「○○のみささぎ」であるが、「○○りょう」という呼称に統一した。
例　伏見桃山陵……宮内庁では「ふしみのももやまのみささぎ」、本書では「ふしみももやまりょう」

## 【天皇の葬儀に関する用語】

**剣璽《けんじ》渡《と》御《ぎょ》の儀** 剣璽（三種の神器のうち剣と勾玉）を新天皇に渡す儀式。践祚《せんそ》(皇位を引き継ぐこと)に際して行われる。その後、日を改めて即位礼を行う。

**崩御《ほうぎょ》・薨去《こうきょ》** 天皇・皇后の死去は崩御、皇太子以下の皇族の死去は薨去という。

**諡《おくりな》** 大行天皇《たいこう》（亡き天皇）におくる名前で、諡号《しごう》また追号《ついごう》という。昭和天皇という呼び名も追号で、生前の名（諱《いみな》）は裕仁《ひろひと》である。

**大喪儀《たいそうぎ》** 天皇・皇后の葬儀。

**御舟入《おふねいり》** 納棺の儀式。天皇の柩を御舟（御槽）とも梓宮《しきゅう》ともいう。

**殯《もがり(ひん)》** 古代に、埋葬するまでの期間、遺体を殯《もがりの》宮《みや》に安置して誄《しのびごと》（弔いの言葉）を述べたり挙哀《こあい》（慟哭《どうこく》）を行ったりしたこと。現在は葬場に柩を運ぶまでの間、皇居内に柩を安置する部屋を殯《ひん》宮《きゅう》という。

**轜車《じしゃ》** 柩を乗せる牛車。八枚の花弁の蓮華のもようをつけた八葉御車《はちようのおくるま》が用いられた。一般の霊柩車にあたり、出棺の儀式を轜車発引《はついん》の儀という。

**御輦《ぎょれん》** 柩を乗せる御輿。屋根の上に葱《ねぎ》の華の形の飾りが付けられていることから葱華《そうか》輦《れん》という。

**斂葬《れんそう》** 一般の本葬・告別式と埋葬（納骨）にあたる儀式。本葬・告別式は、柩を葬場殿という臨時の建物に安置して営む（葬場殿の儀）。その後、陵の前につくった祭場殿で「祭場殿の儀（陵所の儀）」を営み、埋葬する。

**御須屋《みすや》** 斂葬にあたり陵の頂部につくられた仮小屋。

**陵墓《りょうぼ》** 天皇・皇后、上皇・皇太后の墓所は「陵《りょう》」、皇太子以下、皇族の墓所は「墓《ぼ》」とよび分ける。

**灰塚《はいづか》** 火葬した天皇の荼毘所《だびしょ》につくられた供養塚。

**諒闇《りょうあん》** 天皇・皇后の服喪期間で、一年間とされる。

# 第一章

# 明治天皇陵と明治神宮の創建

## 京都と東京の「都」争い

**明治天皇の伏見桃山陵**　下壇は一辺60m、総高20mの上円下方墳である（京都市伏見区）

## 明治天皇の伏見桃山陵

明治四十五年（一九一二）七月、明治天皇が崩じた。宮内庁編『明治天皇紀』に崩御のようすが記されている。

二十九日　午前三時、御体温三十七度五分、御脈搏百二十至、結滞《けったい》（脈搏の乱れ）多く、御呼吸困難にして、其《そ》の数四十八回を算す、暁来昏々として眠《ねむり》より覚めたまはず、（中略）其の後御病勢漸次昂進し、正午に及びて御脈搏細微、心臓の鼓動凡《およ》そ百四十六を算し、御呼吸は依然困難にして、四肢の末端著しく暗紫色を呈す、既にして夜八時頃危険愈〻《いよいよ》加はり、十時頃より御脈は漸次微弱に陥り、御呼吸は刻々浅薄に赴《おもむ》かせられ、御昏睡の状態依然持続あらせらる、

三十日　御病終《つい》に癒《い》えさせられず、午前零時四十三分心臓麻痺に因《よ》り崩御したまふ、宝算《ほうさん》実に六十一歳（満年齢では六十歳）なり、乃《すなわ》ち宮内大臣・内閣総理大臣連署して之《こ》れを告示す、一時内大臣剣璽《けんじ》及び御璽《ぎょじ》・国璽《こくじ》を奉じて正殿に至る、是《ここ》に於て剣璽《けんじ》渡御《とぎょ》の儀行はれ、新帝詔書を発して元を大正と改めたまふ、

明治天皇の崩御は実際には七月二十九日午後十時四十三分だった。ところが、その日のうちに践祚《せんそ》の儀（次の天皇に神器を渡して譲位する儀式）を行う余裕がない。それで、崩御を翌日の午前零時四十三分として公表したのである。その後、宮内省は突然に、天皇の遺詔《い しょう》によって陵を東京ではなく、京都伏見の桃山に造営すると発表した。その遺詔について『明治天皇紀』に次のように記されている。

抑ゝ《そもそも》陵所を此処《ここ》に選定せしは大行《たいこう》天皇（亡き天皇）の遺詔に原《もと》づくものにして、明治三十六年宸慮《しんりよ》（天皇の思い）已《すで》に決せり、其の年四月海軍大演習観艦式及び第五回内国勧業博覧会開会式に臨御したまはんがため、暫《しばら》く蹕《ひつ》（行幸の列の先払い）を京都御所に駐《とど》めたまふ、一夕《いっせき》皇后と饌《せん》（食事）を倶《とも》にし、旧都の今昔《こんじやく》を語りたまふの次《おり》、卒然《そつぜん》として宣《のたま》はく、朕《ちん》が百年の後は必ず陵《みささぎ》を桃山に営むべしと、時に典侍《てんじ》千種《ちぐさ》任子《ことこ》（明治天皇の側室）、天皇の陪膳《ばいぜん》に候せしが、此《こ》の綸言《りんげん》（おことば）を聴きて太《はなは》だ異《あや》しみ、旨《むね》を日乗（日記）に誌す、大漸《たいぜん》（天皇の病状悪化）の事あるや、皇太后遺詔を遵奉《じゅんぽう》し、陵を桃山に定めん事を命じたまへりと云《い》ふ、

明治天皇は東京に長く住んだとはいえ、京都は故郷であり、強い愛着をもたれていた。

だから、陵は京都にと望まれたのだと解釈されている逸話である。

しかし、そもそも伏見桃山は大阪府との境に近いところで、都の中ではない。天皇の思い出の地というわけでもない。それなのに天皇が唐突に「必ず陵を桃山に営むべし」と強い口調で指定された。だから、陪席した典侍が「太《はなは》だ異《あや》しみ」、日記に書きとめておいたという。正史の『明治天皇紀』でさえ皇太后が「命じたまへりと云ふ」という曖昧な伝聞表現になっているうえ、この日記の存在を疑う説（飛鳥井雅道『明治大帝』など）もある。陵が桃山に決められた理由は、いまも明らかになっていないのだ。

ときの西園寺公望《さいおんじきんもち》内閣の内務大臣だった原敬《はらたかし》も、なぜ明治天皇の陵所が桃山なのかを不審に思った。陵の造成時に視察におもむいた原敬は、日記に「桃山は形勝の地なれども一度臣下の居城たりし所なるが此地《この》を山陵《さんりょう》に選定ありしは何か特別の理由ある事と思ふ」（『原敬日記』大正元年九月九日）と書き残している。

「はじめに」でも述べたが、内務大臣といえば内政全般を司る重要閣僚である。その内務大臣でさえ知らない「何か特別の理由」とは、いったい何だろう。

## 伏見が陵所に選ばれた理由は？

『原敬日記』の「一度臣下の居城たりし所」というのは、豊臣秀吉が伏見城をつくった場所であることを指している。伏見城は天下統一を成し遂げた秀吉が天正《てんしょう》十九年（一五九一）に建てた隠居屋敷にはじまり、秀吉の居城として大坂城と並ぶ城郭になった。しかし、江戸時代には京都御所に近い二条城が主となり、伏見城は廃城になる。城跡は畑や樹園として開墾され、桃の木が植えられたことから「桃山」という。

明治天皇の陵所と決められたころは「城墟《じょうきょ》空しく寒烟茂草《かんえんぼうそう》に委《まか》し、古城山の名僅《わず》かに存す」（『明治天皇紀』）という状態だった。城跡に靄《もや》や霧がわびしくただよい、ヨモギがしげるにまかせて、ただ古城山という名に天下人秀吉の栄華が偲ばれる。それとて原敬には「臣下の居城だったところ」で天皇陵の地にはふさわしくないと思われたのだった。にもかかわらず、明治天皇の病状が悪化したときに皇后（昭憲《しょうけん》皇太后《こうたいごう》）が思いついたように「遺詔がある」と言いだし、「陵を桃山に定めよ」と命じたというのだ。

　しかし、明治天皇陵は東京につくられるはずだった。東京には皇室の墓所としてつくられた豊島岡《としまがおか》

**豊島岡墓地**　明治6年に明治天皇の皇子が死産したことをきっかけに皇室の墓所として整備された。平成28年10月に薨去《こうきょ》した三笠宮崇仁《みかさのみやたかひと》親王（昭和天皇の弟）もここに眠る（東京都文京区大塚）

墓地がすでにあった。しかも、天皇の崩御の前に帝室制度調査局（皇室に関する法令の整備にあたった宮内省設置の機関）が作成した「皇室陵墓令」草案では、陵墓は「東京府下に在る御料地内」につくることと定めていた。

この草案は明治天皇の生前には裁可されず、店晒《たなざら》しになった。それに対して、京都では明治天皇陵が東京につくられることに猛反対したのが当然で、宮廷すじに強く働きかけただろう。そこで「遺詔」の話がもちだされたのではないだろうか。

それにしても、なぜ、伏見の桃山なのか。

じつは桃山には桓武《かんむ》天皇陵がある。秀吉の伏見城築城にあたって跡形なく破壊され、後述の文久《ぶんきゅう》の修陵（一八六二〜一八六五年）でも所在がわからなかったのだが、明治十三年に桃山の一角に治定《じじょう》（天皇陵として定めること）され、円形の墳丘が築かれたのが現在の桓武天皇陵である。明治天皇が崩じたときには、桃山は千年の都の基をひらいた天皇の陵所として重要な場所になっていた。

また伏見は、世襲親王家の伏見宮《ふしみのみや》の故地だ。世襲親王家とは、天皇家と同様に男系の子孫によって親王の身分を受け継ぎ、天皇家に男子が絶えたときに皇嗣をだす資格をもつ宮家である（明治維新後に廃止）。伏見宮家は北朝の崇光《すこう》天皇の皇子栄仁《よしひと》親王（一三五一〜一四一六年）が初代で、伏見に所領があったことから伏見宮とよばれる。

その後、称光《しょうこう》天皇（一四〇一～一四二八年）が皇子なく崩じたとき、伏見宮家の彦仁王《ひこひとおう》が践祚して後花園《ごはなぞの》天皇となった。この天皇が現在の天皇家の直系の初祖なので、たしかに明治天皇にとっても伏見はゆかりの深い土地だということになる。父帝の孝明天皇のほか江戸時代の歴代天皇の陵がある泉涌寺《せんにゅうじ》（京都市東山区）からも遠くない。

さらに、桃山のそばには江戸幕府の伏見奉行所があった。そのあたりは薩摩・長州軍が幕府方を破って倒幕の端緒を開いた鳥羽《とば》・伏見の戦い（一八六八年）があったところだ。

こうしたことが桃山に明治天皇陵がつくられる背景にあったと思われる。ところが、それでは東京の世論がおさまらなかった。

**明治時代の桓武天皇陵**　平安時代の書物（『延喜式』）に「柏原陵　桓武天皇陵は山城国紀伊郡（現在地）」にあり、広さは東八町、西三町、南五町、北六町と記されている。その陵域の広さは日本最大の仁徳天皇陵古墳（大山古墳）にもまさるが、豊臣秀吉の伏見城築城によって破壊された。明治13年に桓武天皇陵と治定され、新たに玉垣がめぐらされた（『古事類苑』）

## 明治神宮の創建

明治四十五年七月二十日に天皇の容態悪化が発表されると、東京では陵所を東京近辺に設けるべきだという運動がおこった。『明治天皇紀』

の記述にも、それに対する苦慮がうかがえる。

始め大漸《たいぜん》（病状悪化）のことあるや、東京府民、近郊清浄の地を選びて陵域を定めたまはんことを建議哀願する者尠《すくな》からず、伯爵土方久元《ひじかたひさもと》（もと宮内大臣）之れを聴き斡旋するところあり、又東京市長以下市民有志、東京商業会議所に会し、神宮建立の事を議す、他日明治神宮造営の挙ある、全く此《ここ》に胚因《はいいん》すと云ふ、

この文中、東京府民、東京市長というのは、当時、東京都は東京府といい、都心とその周辺を東京市としていたからである。東京市長以下、多くの府民が御陵は東京につくられるものだと思っていた。しかしながら、明治天皇の遺詔によって陵は伏見になったので、そのかわり東京には神宮を造営することになったのである。

今泉宜子《よしこ》『明治神宮』によれば、東京商業会議所での会議は崩御発表二日後の八月一日に行われた。参加者は東京市長の阪谷芳郎《さかたによしろう》、明治の殖産興業のリーダーだった実業家の渋沢栄一《しぶさわえいいち》、東京商業会議所会頭の中野武営《なかのたけなか》ら財界有志だった。

東京市の議会では「「東京」ノ文字ヲ冠スル地域内ニ御陵墓ヲ定メテ、御遺骸ヲ安置シ奉リ、永久陛下ノ英魂ヲ守護シ奉ランコト」を決議し、阪谷市長らは宮内省に陵墓招致を

要請した。ところが宮内省では、葬儀は東京の青山で行うが、陵所は先帝の遺詔により伏見桃山に決定ずみだという。それなら御陵に次ぐ何かを東京につくることはできないかということで神宮創建の動きがおこったわけだ。八月九日には東京商業会議所に百十四名が参集して有志委員会が発足し、渋沢栄一を委員長に選任。八月二十日、運動方針と神宮の計画案の「覚書」を委員会の満場一致で可決。神宮は内苑と外苑の二区画とし、内苑は国費で、外苑は一般に募金して建設することを方針とした。

運動は先帝の諒闇《りょうあん》（一年間の服喪）があけた大正二年（一九一三）から本格化して総理大臣等への陳情が行われ、衆議院では「明治神宮建設ニ関スル建議案」が可決された。

この翌年の大正三年四月九日に昭憲皇太后（一八四九〜一九一四年）が崩御。その葬儀は明治天皇と同じく青山で行われ、陵は伏見桃山の明治天皇陵のそばにつくられた。

その諒闇があけた大正四年五月一日、明治天皇・皇后の二柱を祭神とする明治神宮の創建が決定され、内務省告示という形で発表された。

創建の地にあてられたのは代々木御料所という皇室の土地だった。もとは彦根藩主井伊家の下屋敷があったところで、花菖蒲《はなしょうぶ》の池を見下ろす庭に隔雲亭《かくうんてい》という四阿《あずまや》がある。現在の神宮御苑である。ここを生前の明治天皇・皇后はよく訪れていた。天皇の御製に「うつせみの代々木の里はしづかにて　都のほかのここちこそすれ」という歌がある。

明治維新以来の激動の世でも代々木の里は静かで、世情さわがしい都の外にいるような心地がする。神宮建設にあたって台東区上野、千葉県市川市、さいたま市大宮区など東京近辺の各地で招致運動が展開されたが、この歌にこめられた天皇の思いを汲んで代々木に決定された。

ちなみに、一般の神社では神職が「天津神《あまつかみ》　国津神《くにつかみ》　八百万《やおよろず》の神等《かみたち》の大御前《おおみまえ》に畏《かしこ》み畏み白《もう》す」といった祝詞《のりと》を読み上げるのが習わしだが、明治神宮では明治天皇・皇后の歌が唱和されている。その歌から二首をあげる。

いかならむ時にあふとも人はみな　まことの道をふめとをしへよ　（明治天皇御製）

朝ごとにむかふかがみのくもりなく　あらまほしきは心なりけり　（昭憲皇太后御歌）

明治天皇の歌は「どんなときでも人は誠の道をあゆむことを諭しとせよ」、皇太后の歌は「朝ごとに向かう鏡のように、心も曇りなくありたい」という意味である。

## 神宮の内苑と外苑

明治神宮は当初の計画にそって内苑と外苑の二区画が整備された。そのうち、明治神宮の社殿や神宮御苑があるのは内苑である。そこは神宮の森とよばれる鬱蒼《うつそう》とした森林に包まれている。もとは一帯が荒れ地のようなところで、創建時に植栽されたのである。

神社には巨木に育つ杉がよく植栽されるが、林学博士の本多《ほんだ》静六《せいろく》、造園家の本郷高徳《ほんごうたかのり》、造園学の上原敬二《うえはらけいじ》らは自然の雑木林に近い森の造成を建言し、全国の青年団が奉仕活動

**明治神宮本殿**　大正9年（1920）、明治天皇・皇后を祭神として創建された。左側の大木が夫婦楠（東京都渋谷区代々木神園町）

**神宮御苑の隔雲亭**　明治天皇・皇后がよく訪れたところで、建物の前の庭や池に四季折々の花が咲く。神宮御苑という名は神宮外苑と似ているが、別のもので、御苑は明治神宮付属の庭園である

に参加して植林された。

その後、自然の遷移のままに育成することを方針として、できるだけ手を加えず、今では自然のままの原生林の景観をみせている。参道に散る落ち葉も作業員が掃き集めて森に戻すかたちで自然の更新がはかられている。

創建から百年たって深い森に包まれた現在の明治神宮は都心の緑地としても親しまれ、参拝する人は外国からの観光客を含めてたいへん多い。その本殿の手前に「夫婦楠《めおとぐす》」と呼ばれる二本の楠がある。創建時に本殿前に並べて植えられたもので、今では巨木に育って注連縄《しめなわ》で結ばれ、恋愛成就・夫婦円満に霊験あらたかという。明治神宮の祭神が明治天皇・皇后の夫婦の神であることにちなんだ話である。

「はじめに」で述べたように昔の皇室は一夫多妻で、一人の中宮《ちゅうぐう》（后）以下、女御《にょうご》・典侍など複数の側室がいた。明治時代もまだ一夫多妻だったのだが、明治天皇は皇后とともに地方に行幸したり、「両陛下」の写真がつくられたりし、第七章「近代国家の天皇」で述べるように夫婦で国民の前に現れた最初の天皇だった。西洋の王室にならった新しい天皇の姿である。そして明治神宮に天皇・皇后の二柱が祭神としてまつられ、今では恋愛成就・夫婦円満の神様にもなったわけだ。

いっぽう外苑は現在、神宮球場、秩父宮ラグビー場、国立競技場などがある広大なエリアだ。もとは陸軍の青山練兵場があり、明治天皇・皇后の大葬がそこで行われた。その大葬で柩を安置した葬場殿の位置に建てられたのが聖徳《せいとく》記念絵画館で、明治天皇・皇后の事績を描いた絵画が展示されている。

この記念館が外苑の中心となる施設で、東京の名所のひとつになっているイチョウ並木の正面に見える。中央のドームの高さは三十二メートル、鉄筋コンクリート造りで、外壁

**明治神宮外苑の聖徳記念絵画館**　明治天皇と昭憲皇太后の生涯を描いた絵画を展示。大正15年に完成し一般に公開された（SUYA/PIXTA）

**明治天皇葬場殿跡**　聖徳記念絵画館の背後の駐車場の一部に、直径20mほどの植え込みがある。ここに明治天皇の柩がおかれ、大葬が行われた

を花崗岩で装った荘重な洋風建築である。明治神宮の社殿がある内苑は和風、外苑は洋風の公園として設計されたのだった。

外苑の国立競技場は一九六四年東京オリンピックのメインスタジアムとなり、始まって間もないカラーテレビ放送で報道された。その前年に名神高速道路開通、オリンピックの年には東海道新幹線が開業し、開会式の日本選手団の行進や聖火の点火を戦後の復興と経済発展のあかしとして国民は見つめた。明治神宮が創建されたときも、維新から半世紀がすぎ、近代日本の歩みにひとつの区切りがついた時だった。

近代史の大きな出来事だった明治天皇の大葬については第八章で改めて述べる。その前に、天皇の葬法の変遷を古代からたどっておきたい。

古代の天皇陵といえば巨大な前方後円墳が思い浮かべられるが、畿内では六世紀頃には巨大な墳墓は築造されなくなる。代わって鎮魂の仏事が盛んになるのだが、皮肉にも、それが怨霊の出現を招くことにもなった。

# 第二章

# 古代の天皇の葬儀

## 古墳時代から平安時代まで

**檜隈大内陵**《ひのくまおおうちりょう》　天武天皇とその后の持統天皇の陵。持統天皇（702年崩御）は初めて火葬され、遺骨は金属の壺に入れて、天武天皇の棺がおかれた石室に納められた（奈良県明日香村）

### 火葬の始まり

天皇陵は小山のような形なので「山陵《さんりょう》」とよばれるが、巨大な前方後円墳を思い浮かべる人が多いのではないだろうか。なかでも五世紀に築造された仁徳《にんとく》天皇陵と伝える大山《だいせん》古墳（大阪府堺市）は墳丘の全長四八六メートル、世界最大級の墳墓である。今は自然の小山のように見えるが、当初は総量二万六千立方メートルと算定される膨大な量の葺石《ふきいし》でおおわれていた。きわめて人工的な建造物である。埋葬の儀式も壮大だったと想像されるが、古墳時代の葬法はよくわかっていない。しかも、古墳には被葬者の名を示す遺物がまったくない。おそらく、個人の名をとどめることはタブーだったのだろう。そのため、じつはどの天皇の陵なのかも確かなことはわからないのである。

前方後円墳のような大古墳の築造は弥生時代後期の三世紀半ばに始まり、畿内では六世紀頃に終わる。葬法に大きな変化があったのは飛鳥時代の大宝三年（七〇三）十二月、持《じ》統《とう》天皇（生前に譲位していたので正確には太上《だいじょう》天皇）が荼毘《だび》にふされたことである。それが天皇の火葬の初例になった。

といっても、持統天皇の崩御は前年の十二月だった。それからほぼ一年間の殯《もがり》をへて火葬され、遺骨は壺に入れて、先に夫帝の天武《てんむ》天皇（六八六年崩御）が葬られた檜隈大内陵《ひのくまおおうちりょう》

（野口王墓《のぐちおうぼ》）の石室に納められたのである。

古代の殯は、崩御に際して内裏の庭に殯宮《もがりのみや》をつくって遺体を安置し、白骨化するのを待って葬る葬法である。その間、生前と同様に食膳が供えられた。長期の殯は天皇の完全な死を確認し、次の天皇の即位を確実なものにするためだったと考えられている。

## 八角墳の誕生

持統天皇の遺体もほぼ一年間の殯をへて白骨化していたはずである。にもかかわらず、火葬が行われたのはなぜなのか。『続日本紀《しょくにほんぎ》』（『日本書紀』を最初とする古代の六つの正史、六国史の第二）に、それに関連する不思議な話が記されている。

持統天皇の火葬の三年前の文武《もんむ》天皇四年（七〇〇）、僧の道昭《どうしょう》が荼毘にふされた。遺骨を拾おうとしたら、にわかに風が吹いて骨も灰も消えてしまったという。これが日本最初の火葬の記録なのだが、この話は天皇の火葬への道をひらく逸話なのだろう。道昭の遺骨が消えてしまったように、火葬によって完全に世を去るものと思われたのではないか。

天武・持統両帝を葬った檜隈大内陵は鎌倉時代に盗掘され、それをきっかけに調べられたところ、もとは八角墳《はっかくふん》だったことがわかった。八角形は中国道教で八方を治める天子の象徴だというが、八角墳は舒明《じょめい》天皇陵（六四一年崩御）が最初とされ、その後、日本の大王《おおきみ》

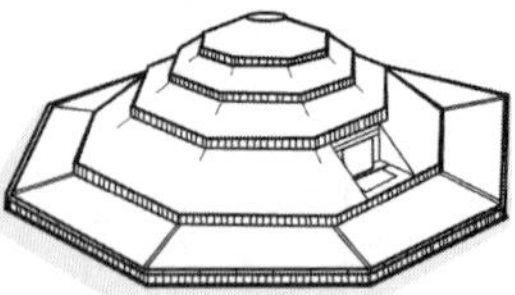

**天武・持統陵の復元図**　5段の八角墳で、東西約58メートル、高さ9メートル（図は宮内庁の復元図による）

の陵の形になった。聖徳太子をまつる法隆寺夢殿などの仏堂にも八角堂がみられる。大化の改新（六四六年）以来、墳墓の規模を制限する薄葬令《はくそうれい》がしばしば発せられ、天皇陵といえども巨大古墳にはおよばなくなったが、八角墳という新たな形によって権威があらわされたのだろう。

　そのころ、陵墓は身分によって統制された。大宝律令《たいほうりつりょう》（七〇一年）の葬喪令《そうそうりょう》では天皇の墓所は「陵《りょう》」、その他は「墓《ぼ》」とよびわけられている。その墓をつくることが許されたのも三位以上の貴族と氏族の長だけだったが、「若《も》し大蔵《だいぞう》せむと欲《ねが》はば聴《ゆる》せ」（十六条の十）という。大蔵は、日本思想大系『律令』（岩波書店）の語注に「火葬して散骨すること」とある。

　火葬はインドの風習が仏教とともに伝わったものとされている。火葬を荼毘というのも古代インド語のジャーペーティ（またはディヤーパヤティ）の表音である。しかし、大宝律令の条文によれば、墓をつくることのできる身分でも墓はつくらずに火葬・散骨を望んだ者がいたということである。インドの風習では今も火葬して遺骨を川に流し、墓はつくらないことが多い。墓をつくると、この世に霊魂がとどまって転生をさまたげるからだという。日本の古代にも同じような観念があったのかもしれない。

あるいは、平安時代にみられる風葬（榊や竹などで囲った築城《つき》とよばれる茂みに遺体を置いて自然に風化させる葬法）が飛鳥・奈良時代にも広く行われていて、その遺骨を墳墓に納めることが忌避されたのだろう。

## 盛大化する仏事

六世紀半ばの仏教公伝から百数十年たった持統天皇の藤原京のころには、古くは四天王寺・飛鳥寺・法隆寺をはじめ、大官大寺《だいかんだいじ》（大安寺）や薬師寺などの大寺院が建立されていた。持統天皇の火葬後には、四十九日と百ヵ日に寺々に勅使をおくって斎《とき》（施食《せじき》の法会《ほうえ》）を営み、仏法による供養《くよう》が行われた。

その後、奈良時代初期の天皇は火葬だったが、中期の聖武《しょうむ》天皇（七五六年崩御）から土葬に戻った。

聖武天皇は病弱な体質で天平勝宝《てんぴょうしょうほう》元年（七四九）に阿倍《あべ》内親王（孝謙《こうけん》天皇）に譲位し、東大寺大仏開眼（七五二年）の四年後の同八年五月二日に崩じた。同月十九日、佐保山陵《さほやま》（南陵）に埋葬。以前の土葬では長期の殯ののちに埋葬したが、十七日に短縮されている。そのかわり、仏事は盛大に営まれた。

聖武天皇の崩御後、七大寺で初七日、二七日《にしちにち》（中陰《ちゅういん》の十四日目）の法要が営まれた。それから陵に棺が運ばれたのだが、その葬列には師《し》子座《しのざ》の香《こう》、天子座の金輪幢《こんりんどう》、大小の宝幢《ほうどう》、華縵《けまん》など、さまざまな荘厳《しょうごん》の具（仏を飾る仏具）が連なり、楽人《がくにん》が笛を鳴らしながら行進した。そのもようは『続日本紀』に「御葬《みはぶり》の儀、仏に奉るが如し」という。

その葬儀の日、孝謙天皇は詔《みことのり》して「太上天皇、出家して仏に帰《き》したまふ。更に諡《おくりな》を奉らず」と役人に命じた。

諡とは没後につける名である。埋葬のときに陵の前で諡を告げるのが習わしだった。ところが、聖武天皇は出家して仏に帰依していたので諡をしなかった。聖武天皇は生前に行《ぎょ》基《うき》を師として受戒し、勝満《しょうまん》という戒名をうけていたからだ。

聖武天皇がうけた戒は梵網経《ぼんもうきょう》という経典に基づくもので大乗戒《だいじょうかい》ともいう。それは沙弥《しゃみ》（見習い僧）および在家者がうけるもので、聖武天皇は「沙弥勝満」と自称していた。いわゆる生前戒名をうけたのである。

孝謙天皇は父の聖武天皇が崩じた年の暮れに都の寺々で梵網経を講読させ、諸国の寺々にも梵網経を配って読誦《どくじゅ》させた。そのときの詔に、この経は「功徳巍巍《くどくぎぎ》として能《よ》く逝《ゆ》く者《ひと》を資《たす》く」「妙福无上《みょうふくむじょう》の威力《いりき》を以《もち》て冥路《みょうろ》の鸞輿《らんよ》（天皇の輿《こし》）を翼《たす》け、花蔵《けぞう》の浄刹《じょうせつ》（仏の国）に向かしめむ」という。戒名を冥途の護符とし、僧の読経《どきょう》をもっておくる現在の一般的な葬儀の形の始まりである。

また、聖武天皇の棺を佐保山陵におくった際に大小の宝幢、華縵などを連ねた葬列は、近年まで野辺《のべ》の送りで同様にみられた。さまざまな荘厳の具を「仏に奉るが如し」という聖武天皇の「御葬の儀」は日本の葬送習俗の原型にもなったのだった。

来世に極楽浄土への往生を願うことも、そのころからである。聖武天皇の后の光明皇后が天平宝字四年（七六〇）に崩じ、同じく佐保山に葬られた。その四十九日に寺々で法要を営み、国ごとに極楽浄土図をつくって僧尼《そうに》に阿弥陀経を読誦させた。一周忌には、奈良の国分尼寺《こくぶにじ》（法華寺）に阿弥陀仏をまつる浄土院をつくり、諸国の国分尼寺でも阿弥陀経を一斉に読誦した。そして次の平安時代には、仏教色がさらに深まっていく。

なお、葬儀のときには諡をされなかった聖武天皇であるが、崩御の九年後に「天璽国《あめしるしくに》押開豊桜彦天皇《おしはらきとよさくらひこのすめらみこと》」という和風諡号《わふうしごう》と「勝宝感神聖武皇帝《しょうほうかんじんしょうむこうてい》」という漢風諡号が改めておくられた（『続日本紀』）。今日、聖武天皇とよぶのは、それによっている。

## 平安京を開いた桓武天皇の葬儀

桓武天皇（七三七〜八〇六年）は延暦十三年（七九四）に平安京に遷都して千年の都のもとを開いた天皇で、延暦二十五年三月十七日、在位のまま七十歳で崩じた。次の平城《へいぜい》、嵯《さ》峨《が》・淳和《じゅんな》の三代はみな桓武天皇の皇子である。その後の皇位も桓武天皇の子孫に受け継がれ、今日まで続く皇統の祖になった。

この桓武天皇の葬儀のもようが『日本後紀《にほんこうき》』（六国史の第三）に細かく記されている。それによると、崩御の翌日、御装束司《みしょうぞくし》（葬儀の衣装や調度品をととのえる官）、山作司《さんさくし》（陵をつくる官）、作路司《さくろし》など臨時の諸司が任じられた。律令の官制には陵墓の管理や皇族の葬儀などにあたる諸陵寮《しょりょうりょう》という役所がある。そのもとで御装束司や山作司が任じられたのである。作路司は御所から陵への道をととのえる役職で、このときは畿内を中心に人夫五千人が動員された。

その陵の地は同月十九日、筮竹《ぜいちく》の占いによって宇太野《うたの》（京都市右京区宇多野あたり）が選ばれたのだが、不吉なことが起こった。桓武天皇の初七日の法要が諸寺で営まれた同月二十三日、平安京周辺の山々で火災が発生し、京内は昼間でも薄暗くなるほどの煙や灰につつまれたのである。

この火災は陵の予定地が賀茂《かも》神社に近いので神が祟《たた》っているためだと考えられた。そのため、山城国紀伊郡（伏見）に変更された。柏原《かしわばら》陵という。

第一章で述べたように、この柏原陵がある桃山に明治天皇陵がつくられたのだが、なぜ、その地が桓武天皇陵に選ばれたのか、その理由は『日本後紀』に記されていない。ただし、先に決められた宇太野は、そもそも亀卜《きぼく》（亀の甲羅を焼き、ひびわれを見て占う法）では不可と出ていたのだという。おそらく、あらためて亀卜をして神意をうかがい、伏見が選ばれたのだろう。

ところで、賀茂神社（現在の上賀茂・下鴨両社）は山城国を本拠地にしていた賀茂氏の氏神である。奈良の平城京周辺には春日《かすが》大社があるくらいなのに対し、平安京とその近辺には、賀茂神社のほか、祇園《ぎおん》神社（八坂神社）、松尾《まつお》大社などの神社が多い。平安時代には、さまざまな神社での神事・祭礼がさかんになり、貴族も民衆も参詣するようになった。神仏習合して多くの神社で仏もまつられたが、神社は穢《けが》れを避け、葬儀と追善供養《ついぜんくよう》は寺院の僧侶にまかせて神職はかかわらないようになる。

## 御霊への恐れ

葬儀や四十九日の法要などで鎮魂の仏事がさかんになると、皮肉にも鎮まらない霊魂、すなわち怨霊が非常に恐れられるようにもなった。とりわけ天皇・皇族などの「御霊《ごりよう》」が怨霊化すると、疫病や凶作などをもたらすと考えられた。そうした御霊の最初とされるのが早良《さわら》親王（七五〇?～七八五年）の怨霊である。

早良親王は桓武天皇の弟である。幼くして出家させられて東大寺の僧になっていたが、還俗し桓武天皇の皇太子になった。ところが、桓武天皇が長岡京に遷都した翌年、造長岡《ぞうながおか》京司《きょうし》（都の造営長官）の藤原種継《ふじわらのたねつぐ》が矢に射られて暗殺される事件が起こると、早良親王に謀反《むほん》の疑いがかけられた。東大寺の僧だった親王は遷都に反対する勢力に荷担して種継暗殺を企てたという罪を着せられ、廃太子のうえ淡路島に流される。その護送の途上、親王は十日以上も絶食し、水も飲まずに命を絶つという異様な死を遂げた。

その後、皇太子にたてられた安殿《あて》親王（桓武天皇の皇子）が病にかかり、天皇のきさきや母が病死したほか、疫病や洪水などの災害が続いた。陰陽師に占わせると、早良親王の御霊が崇っているということだった。

その怨霊を鎮めるため、延暦十九年（八〇〇）に崇道《すどう》天皇という名をおくった（その後、八六三年に崇道天皇らの御霊会《ごりょうえ》を京都の神泉苑《しんせんえん》で行ったことが今の祇園祭の始まり）。

桓武天皇自身も怨霊化をまぬがれなかった。承和《じょうわ》七年（八四〇）四月、炎旱《えんかん》（ひでり）のため苗がほとんど枯れてしまった。六月五日、物《もの》の怪《け》が内裏に出現。桓武天皇の崇りということで勅使を柏原陵におくり、鎮霊の祈禱を行った。

### 遺言によって散骨された淳和天皇

桓武天皇の怨霊のためだという炎旱が続いていた承和七年五月八日、淳和天皇（七八六〜八四〇年）が五十五歳で崩じ、同月十三日夕刻、荼毘にふされた。奈良時代の聖武天皇以来の歴代天皇はそれぞれの山陵に土葬されてきたが、およそ八十年ぶりの火葬の復活である。しかも、淳和天皇は遺骨を山林に撒《ま》いてほしいと遺言し、歴代天皇で唯一、遺骨が山野に撒かれた。

今日の散骨は、地域社会や親族のつながりがうすまるなかで「死ねば自然に帰りたい」といった心情から行われているが、淳和天皇の散骨の理由はまったく異なることだった。淳和天皇の遺詔に「人は死ぬと霊は天に戻り、空虚となった墳墓には鬼が住みつき、遂には祟りをなし、長く累《わざわ》いを残すことになる、と聞いている。死後は骨を砕いて粉にし、山中に散布すべきである」（『続日本後紀』同年五月六日の条）という。淳和天皇は自身が怨霊になることを恐れたのだった。

また、淳和天皇は「葬儀に要する準備はすべて簡素とし、朝廷から賜る葬具は固く辞退せよ。（中略）追善の仏事は倹約に努めよ」と遺詔していた。そして散骨は遺詔どおりに行われたのだが、葬儀まで簡略というわけにはいかなかった。御装束司や作路司などが任じられて葬儀は厳重に行われた。葬料に「絹五百匹《びき》・細布百端《たん》・調布《ちようふ》千端・商布二千段・銭五百貫・鉄八十廷《てい》・鍬二百口・白米百斛《こく》・黒米百斛」をあて、人夫千五百人を動員したと『続日本後紀』に記されている。

## 一体化する陵と寺院

淳和天皇の次の仁明《にんみよう》天皇（八一〇〜八五〇年）の代にも桓武天皇の怨霊事件があった。嘉《か》祥《しよう》三年（八五〇）に仁明天皇が病になったときである。

天皇の不予《ふよ》（病気）となれば玉体加持《ぎよくたいかじ》の祈禱が神社や寺々で行われるのは飛鳥・奈良の昔から現代まで変わらない。玉体は天皇の体、加持は神仏に加護を願って祈禱することである。『源氏物語』や『枕草子』に語られているように病気も物の怪のしわざだといわれた平安時代には祈禱がさかんに行われた。

仁明天皇は二月五日に重篤におちいり、三月二十一日に崩じるまで祈禱がくりひろげられた。桓武天皇の柏原陵にも勅使をつかわして平癒を祈ったところ、物の怪がしきりに出没するようになった。三月十四日に占ってみると、桓武天皇が祟っていると出た。柏原陵に巡察司を派遣すると、何者かに陵内の樹木が伐《き》られていることがわかる。十六日に勅使をおくって桓武天皇に謝罪。あわせて仁明天皇の平癒を祈ったのだが、同日、いよいよ「属纊《しよつこう》を極む（息も絶え絶えの状態）」となり、二十一日に四十一歳で崩じた。

今度は火葬ではなく、同月二十五日に深草《ふかくさ》（京都市伏見区）の山中に土葬された。そこに一基の卒塔婆《そとば》をたてて中に尊勝陀羅尼《そんしようだらに》（罪障消滅・除災の功徳《くどく》があるという呪文）の経巻を納めたが、翌月、その経巻がおのずから外に出て落ちたという。時の文徳《もんとく》天皇は陵のそばに嘉《か》祥寺《しょうじ》を建立して先帝の冥福を祈った。これが陵寺《りょうじ》の最初で、以後、陵と寺院は一体化していく。

## 平安中期以後はもっぱら火葬

文徳天皇の次の清和《せいわ》天皇は貞観《じょうがん》十八年（八七六）に貞明《さだあきら》親王（陽成《ようぜい》天皇）に譲位して上皇となり、元慶《がんきょう》三年（八七九）、東山の麓にあった円覚寺《えんかくじ》で出家。翌年、同寺で三十一歳で崩御。極楽浄土があるという西方に向かって阿弥陀仏の印（手の形）をむすんで坐したまま崩じた。遺体は手に数珠をかけて棺に納め、東山の上粟田山《かみあわたやま》で火葬された。遺骨は嵯峨の水尾山に埋められて、そこが陵所となっている。いっぽう、火葬の地にも火葬塚がつくられ、陵と火葬塚のふたつに分離してまつられるようになった。

次の陽成天皇はわずか九歳で即位したが、十七歳で譲位。崩御は八十二歳だったので歴代最長の六十五年間も上皇の地位にあった。その八十二歳の天暦三年（九四九）九月二十日、病になったので出家して法皇となり、同月二十九日に崩御。円覚寺に遺体を安置して法要を営んだのち、神楽岡《かぐらおか》（京都市左京区）に土葬された。

その後、平安時代には天皇が在位のまま崩じれば土葬、譲位して上皇になってから崩じれば火葬が通例となる。そして康保《こうほう》四年（九六七）、四十二歳で在位のまま崩じて土葬された村上《むらかみ》天皇を最後に土葬は途絶え、もっぱら火葬になった。というのも、生前の譲位が慣例となり、たいていは上皇になってから崩じたので、火葬が多くなったのだった。

平安時代には死穢《しえ》(死のけがれ)が大きな忌《い》みになり、天皇が在位のまま崩じることは天下の凶事であった。そこで、長元九年(一〇三六)に二十九歳で急逝した後一条《ごいちじょう》天皇のときは「如在之儀《にょざいのぎ》」が行われた。生きていることにして譲位したのである。

## 簡素化した上皇・法皇の葬儀

多くの天皇が生前に譲位した理由には、上皇になってから他界するほうが後生《ごしょう》(来世)がいいと考えられたこともあった。天皇であるうちは出家できないけれど、上皇になれば自由である。事実、多くの上皇が病気をしたり高齢になったりすると僧の姿の法皇になり、後世《ごせ》の平安を祈ったのだった。

上皇は内裏を出てそれぞれの仙洞《せんとう》(院の御所)に暮らし、崩じれば同所で遺体を納棺したのち、日の吉凶を占ったうえで数日内に寺院に運んで葬儀を行った。納棺の儀式が僧によって仙洞で行われたあと、それぞれの御願寺《ごがんじ》(勅願所)などのゆかりの寺で葬儀が営まれたのである。

上皇の葬儀は、在位中に崩じた天皇の葬儀とは異なって、いわば私事となり、簡素化していった。上皇自身も葬儀を簡素にするようにという遺詔をのこした例が多い。平安時代も中期になる宇多《うだ》天皇（八六七〜九三一年）は薄葬を命じるだけでなく、葬儀の次第を自身で定めている。

宇多天皇は仁和三年（八八七）二十一歳で即位し、寛平《かんぴょう》九年（八九七）に十三歳の皇子、敦仁《あつひと》親王（醍醐《だいご》天皇）に譲位。昌泰《しょうたい》二年（八九九）に出家して仁和寺《にんなじ》に住んだ。日本最初の法皇である。

仁和寺は阿弥陀三尊を本尊とする寺で、宇多天皇が父帝（光孝天皇）の建立の遺志をついで仁和四年（八八八）に完成させた。法皇になってから「御室《おむろ》」とよばれる建物を御座所としたので仁和寺を御室御所ともいった。

宇多法皇は出家の三十二年後、承平《じょうへい》元年に六十五歳で崩じた。棺を生前につくり、葬儀は次のように行うよう遺詔した。

御棺は先年造り構うる所、竹を台となして、純色（白）の絹を之《こ》れに覆《おお》い、小屋形の大輿《だいよ》（御輿《みこし》）となし、上に構木を繞《めぐ》らし、絹帷《けんい》を垂れて之を覆い、唯瓫《ただもたい》（瓶）焼香を以《もっ》て香輿（りっぱな御輿）を造らず、歩障《ほしょう》も行障《こうしょう》（斎場や行路に幕を張った囲い）も設けず、御輿大夫一二人を長とし、殿上人三六人を以て輿を駕《が》し、大夫等燎《かがりび》をとれ。

（藤井利章『天皇と御陵を知る事典』）

宇多法皇は仁和寺北方の大内山《おおうちやま》で荼毘にふされた。拾骨はせず、火葬の跡を土でおおっただけだった。そのため、いつしかその場所も不明となり、後述の文久の修陵（一八六二〜一八六五年）によって現在の大内山の一角に治定《じじよう》された。

次の醍醐《だいご》天皇（八八五〜九三〇年）は父の宇多法皇より早く、延長八年に寛明《ゆたあきら》親王（朱雀《すざく》天皇）に譲位したうえ四十六歳で崩じた。藤井『天皇と御陵を知る事典』によれば醍醐上皇は崩御の前に「薄葬し、諡《おくりな》を奉らざれ」と遺詔し、葬儀の際も鐘を打って念仏しただけで御願寺《ごがんじ》だった醍醐寺の北方に土葬された（それが醍醐天皇という名の由来）。平地に方三丈・深さ九尺の穴をほって校倉《あぜくら》の小屋を埋め、そのなかに棺のほか、硯や書物、琴、笛などを納め、埋め戻した地上に三基の卒塔婆をたてる。遺詔どおりの薄葬だったが、朱雀天皇は父帝のために陵戸《りようこ》（陵をまもる民）五戸、徭丁《ようてい》（働き手）二十五人をあて、それまでの諸陵寮の管轄からはずして醍醐寺に管理を命じた。

こうして天皇陵と寺院とのかかわりが深まり、遺骨を仏堂に納めるようにもなった。天皇の三昧堂《さんまいどう》（墓地や火葬場の仏堂）は法華堂が多い。その堂内や地下に納骨して供養したのである。遺骨を仮に安置して新たに法華堂を建立し、一年後くらいに完成を待って納骨することも行われた。

法華堂とは地獄に堕ちた亡者でも救うという懺悔《さんげ》滅罪《めつざい》の経典である法華経を日々に読誦する仏堂で、極楽浄土への転生を願う阿弥陀堂と一対でつくられたことも多い。

## 日本の大魔縁となった崇徳天皇

天皇の地位は、時の政権の盛衰とともに浮き沈みした。とりわけ保元《ほうげん》の乱（一一五六年）から鎌倉時代初期の承久《じょうきゅう》の乱（一二二一年）にかけての動乱の世には天皇も安泰ではなかった。そのころ、政争に敗れれば高位の公卿《くぎょう》でも処刑されて首を晒《さら》されたが、さすがに天皇・上皇に死罪はない。天皇は退位させられて上皇になったうえ、流刑に処された。その配流《はいる》の地で崩じた上皇の恨みは深い。なかでも保元の乱に敗れて讃岐に流された崇徳《すとく》上皇（一一一九〜一一六四年）の怨霊は非常に恐れられた。

鎌倉時代の戦記物『保元物語』によれば、崇徳上皇は指先を切って垂らした血で五部の大乗経（法華経・大般若経など）を書写した。今生《こんじょう》はこれまでだが、後生菩提《ごしょうぼだい》の御為《おんため》（来世には仏の国に生まれるため）だった。また、身は遠島に没しても自筆の写経は京の近辺の寺社に納めてほしいと願ったのだが、それも拒絶された。上皇は自分の写経さえ都に置き場所がないのかと歎き、その後は髪も整えず、爪も伸ばしほうだいにして、生きながら天狗の姿になった。そして舌の先を食いちぎり、流れる血で写経の奥書きに「願わくは、上梵天《かみぼんてん》帝釈《たいしゃく》、下堅牢地神《しもけんろうじじん》に至るまで、この誓約に合力《こうりょく》したまえや」と祈願文を記し、「われ日本の大魔縁《だいまえん》とならん」と写経を海の底に沈めたという。

崇徳上皇は長寛《ちょうかん》二年（一一六四）八月二十六日に讃岐で崩じ、遺詔によって白峰寺《しらみねじ》（香川県坂出市）の山腹の窟《いわや》で火葬された。その跡が陵とされる。

仁安《にんあん》二年（一一六七）、生前に親交のあった西行《さいぎょう》が白峰の荼毘所をたずねて上皇を弔う歌を詠んだ。「よしや君　昔の玉の床とても　かからん後は何にかはせん（たとえ昔のように玉の床に眠れたとしても、亡くなった後には何になりましょう）」と怨念を慰めたのである。

治承《じしょう》元年（一一七七）には御霊を鎮めるために「崇徳」の諡号がおくられた。それでも御霊は鎮まらない。日本最大の怨霊になったと伝えられる。

それから七百年、慶応四年（明治元年／一八六八）に明治天皇が白峯神宮（京都市上京区）を建立し、讃岐から崇徳上皇の神霊を移した。『小倉百人一首』では「瀬をはやみ岩にせかるる滝川の　われても末に逢はむとぞ思ふ」という恋歌で知られる崇徳上皇だが、その霊は明治維新のころにやっと都に戻ることができたわけだ。

## 源平合戦のころの法皇と天皇

平安末期の源平合戦のころに権力をふるった後白河法皇《ごしらかわほうおう》（一一二七～一一九二年）は久寿《きゅうじゅ》二年（一一五五）に二十九歳で即位したが、三年後に守仁親王《もりひとしんのう》（二条天皇《にじょうてんのう》）に譲位。それから建久《けんきゅう》三年（一一九二）に崩じるまで二条・六条《ろくじょう》・高倉《たかくら》・安徳《あんとく》・後鳥羽《ごとば》天皇の五代にわたって院政を敷いた。

院政とは上皇が皇族の長として摂政・関白に代わって「治天《ちてん》の君《きみ》」とされ、院（上皇・法皇）の御所におかれた院庁《いんのちょう》を中心に治世を行う体制である。上皇が院庁下文《くだしぶみ》や院宣《いんぜん》とよばれる文書をだして天下に命令を下した。

後白河上皇は東山の法住寺《ほうじゅうじ》を院の御所とし、嘉応《かおう》元年（一一六九）に出家して法皇になった。平家一門が全盛を誇ったころのことである。法皇は平清盛との確執、その後の源平合戦の動乱を生き抜き、六十六歳の建久三年三月十三日に崩じた。特段の葬はせずに三日以内に行えという遺詔により同月十五日の夜、法住寺山内の離宮だった蓮華王院《れんげおういん》の法華堂に土葬された。堂の地下に石室をつくり、棺を納めたのである。

ちなみに蓮華王院の本堂は平清盛が後白河法皇のために建てたもので、長大な横幅があり、三十三間堂と通称されている。その内部には大きな千手観音坐像を中心に千体の観音菩薩像が並び、今も荘厳な輝きを見せる。

高倉天皇（一一六一～一一八一年）は後白河天皇の七番目の皇子であるが、父より早く崩じた。八歳で即位し、清盛の娘の徳子《とくこ》を迎えて中宮（皇后）としたが、皇子が誕生すると退位を迫られ、治承四年（一一八〇）、わずか三歳の皇子（安徳天皇）に譲位。しかし、上皇になっても身の上は平家一門とともにあり、翌年一月十四日、京都の六波羅《ろくはら》にあった平家の屋敷で崩御。その夜のうちに東山の清閑寺《せいかんじ》の境内に埋葬され、石の九輪塔《くりんとう》がたてられた。すでに源氏が挙兵して平家の命運が尽きようとしていたころのことである。

安徳天皇は寿永《じゅえい》四年（一一八五）に平家一門とともに瀬戸内海を西に逃れ、三月二十四日、壇《だん》ノ浦《うら》で入水《じゅすい》。まだ八歳の幼帝だった。遺体はあがらなかったため、壇ノ浦をのぞむ赤間関《あかまがせき》（山口県下関市）の阿弥陀寺に一堂を建立して御影《みえい》（肖像）がまつられただけである。ただ、「安徳」という名は御霊の鎮まりを祈っておくられた諡号であり、その悲劇は『平家物語』によって今も語りつがれている。

# 第三章

# 中世の天皇の葬儀

## 鎌倉・室町時代

**後醍醐《ごだいご》天皇陵**　後醍醐天皇は吉野の塔尾山如意輪寺《とうのおさんにょいりんじ》の後山に埋葬された。以後、南朝の歴代は土葬だったと推定されるが、北朝ではもっぱら火葬だった

## 天皇は即位灌頂で大日如来の弟子になった

平安時代には王仏冥合《おうふつみょうごう》、すなわち王法（天皇と藤原摂関家を頂点とする王権の秩序）と仏法（神仏をまつる寺社の世界）が渾然《こんぜん》一体となった。皇族も貴族も世継ぎ以外の次男・三男などは子どものときから寺に入れ、世継ぎが病没したりすると、還俗させて家門をつがせた。天皇の子も例外ではなく、多くの皇子が寺に入った。

また、寺も神社も渾然一体となって神仏習合が深まり、天皇の即位式でも灌頂《かんじょう》が行われるようになった。即位灌頂という。

灌頂とはもともと、インドで王が即位するときなどに頭に水を灌《そそ》いで神々に選ばれた者とする儀式だった。それが加持祈禱《かじきとう》を重視する密教（秘密仏教）で、大日如来と結縁《けちえん》する儀式になった。阿闍梨《あじゃり》とよばれる師僧が加持した浄水を灌頂の受者の頭にかけ、それによって大日如来の弟子になる秘儀である。

即位灌頂は後三条《ごさんじょう》天皇（在位一〇六八～一〇七二年）の即位式を初例として平安時代後期に断続的に行われた。鎌倉時代の伏見《ふしみ》天皇（在位一二八七～一二九八年）からは恒例となり、明治天皇の即位式で廃止されるまで続いた。

ところで、大日如来は万物を生成する光のようなもので、本体は姿も形もなく、あらゆるものに化現《けげん》するという。中世には伊勢神宮の天照大神も大日如来の化身だといわれるようになった。鎌倉時代の初めごろ、西行が伊勢神宮に参詣して詠んだ「なにごとのおはしますかは知らねども　かたじけなさに涙こぼるる」という有名な歌も、単に天照大神のありがたさをうたったものではない。西行は「大神宮《たいじんぐう》(天照大神)の御山をば神路山《かみじやま》と申す。大日如来の御垂迹《おんすいじやく》とおもひてよみ侍《はべ》りける」という詞書《ことばがき》をつけて、「深く入りて神路のおくをたづぬれば　また上もなき峯のまつ風」という歌を残している。神宮の背後の神路山に登ると、高い空から吹く峰の松風に大日如来が天照大神となって下ってくるのが感じられるという歌だ。そして、天照大神を祖とする天皇も、即位灌頂で大日如来の弟子になったのだった。

## 転機になった承久の乱

鎌倉時代からは武家の世の中ということになるが、幕府が支配できたのは御家人《ごけにん》、すなわち鎌倉殿《かまくらどの》(将軍)に忠誠を誓う武士のみで、御家人の所領以外には支配が及ばなかった。しかし、承久の乱ののち、天皇・上皇や公家の動きは幕府が京都においた六波羅探題《ろくはらたんだい》に監視されるようになり、天皇の地位は低下した。

承久の乱は承久三年(一二二一)、後鳥羽《ごとば》上皇(一一八〇～一二三九年)の院政期に起こった。上皇が「治天の君」の実権回復を狙って諸国の武士に討幕の院宣《いんぜん》を下して挙兵した戦乱である。その二年前に三代将軍　源　実朝《みなもとのさねとも》が甥に暗殺される事件があり、頼朝の妻の北条政子《ほうじょうまさこ》と弟の義時《よしとき》が執権《しっけん》として御家人を束ねていたときのことだった。政子は院宣が讒言《ざんげん》によるものとし、頼朝公の恩を忘れるなと檄《げき》を飛ばした。武士たちにとって上皇方につくか鎌倉方につくかは時の勢いによる。挙兵から一ヵ月後、上皇方はあえなく敗れた。

その戦後処理は峻烈だった。一条信能《いちじょうのぶよし》・葉室光親《はむろみつちか》ら五人の公卿が処刑され、後鳥羽上皇は隠岐、順徳《じゅんとく》上皇（一一九七〜一二四二年）は佐渡に流された。土御門《つちみかど》上皇（一一九五〜一二三一年）は挙兵に際して中立の立場をとったのだが、一人だけ都に残るわけにもいかず、みずから四国への配流を選んだ。

この乱で上皇方についた武士の所領は没収され、鎌倉方で参戦した武士に恩賞として配分された。それにより幕府の執権北条氏の権勢がかたまった。いっぽう、京都に上皇は一人もいなくなって院庁は消滅し、朝廷も瓦解同然になった。

乱後、後鳥羽上皇系の皇統は排除され、北条氏によって皇位につけられたのは、高倉天皇の孫で十歳の茂仁《ゆたひと》親王（一二一二〜一二三四年）すなわち後堀河《ごほりかわ》天皇だった。この天皇は在位十二年でまだ二歳の皇子（四条《しじょう》天皇）に譲位し、天福《てんぷく》二年八月六日、病により二十三歳で崩御。同月十一日に東山の観音寺（今熊野《いまくまの》観音）で土葬された。

その葬儀のようすを藤原定家《ふじわらのていか》が日記『明月記《めいげつき》』に書き残している。それによると、「極めて以《もつ》て不審」と思われる変則的な葬儀となり、「万事の礼法甚《はなは》だ以て等閑」で供養もまともになされず、「定めて御墓所の沙汰等なきか」という哀れさだった。しかし、追号が「後堀川」とされたことを定家は「甚だ悦びに思ふ」と記している。なぜなら、「聖代の御名（平安の王朝が華やかだったころの堀川天皇の名）」を嗣ぐことができたからだ。これで朝廷も存続できると思われたのだろう。「公家《こうけ》の奉為《ため》に尤《もつと》も吉例となすべか」と定家はいう。

幕府にとって上皇や天皇・朝廷は、実権は奪っても名を残していくことが治世の安定のために必要だった。それがまさに「公家の吉例」となり、戦乱の世がおさまると、天皇の地位も安定する。そのことは徳川将軍の江戸時代も、昭和の太平洋戦争後に天皇制廃止論が起こったときも変わらなかった。

なお、承久の乱で敗れた三人の上皇は、それぞれ配所で崩じて荼毘にふされ、その地に火葬塚がつくられたが、遺骨は京近辺に戻された。後鳥羽上皇と順徳上皇は大原勝林院《おおはらしょうりんいん》の法華堂、土御門上皇は長岡の金原《かねがはら》法華堂（金原寺《こんげんじ》）に納骨され、そこが陵とされる。

## 泉涌寺が天皇の菩提寺に

父の後堀河天皇から二歳で譲位された四条天皇は、十年後の仁治《にんじ》三年（一二四二）一月九日、わずか十二歳で崩じた。女官らが滑って転んだら楽しいと御所の廊下に滑石をぬったところ、自分が転んで不慮の頓死をとげたのである。

まだ子はないので、にわかに皇嗣問題が生じた。九条道家《くじょうみちいえ》らの公卿は順徳上皇の皇子を推したが、幕府の執権北条氏が拒否。承久の乱で中立の立場をとった土御門上皇の皇子(邦仁王《くにひとおう》)を鎌倉の鶴岡《つるがおか》八幡宮の御託宣だといって擁立し、同月二十日、ようやく践祚《せんそ》した。後嵯峨《ごさが》天皇(一二二〇~一二七二年)である。

その間、四条天皇の遺体は放置されたままだった。践祚の前日の十九日に入棺したものの八葉御車《はちようのおくるま》(蓮華のもようをつけて棺を乗せる牛車)も準備できなかったので葵祭《あおいまつり》の車で間に合わせ、同月二十五日の夜、泉涌寺《せんにゅうじ》で土葬された。

泉涌寺は江戸時代に天皇・皇室の菩提寺《ぼだいじ》として「御寺《みてら》」とよばれるようになるが、この寺での葬儀は四条天皇が最初である。

泉涌寺は鴨川の東につらなる東山三十六峰の南端の山の麓にある。葬送の地だった鳥辺《とりべ》野《の》の南の入口あたりだ。平安初期に真言宗をひらいた空海の草庵にはじまると伝えるが、寺基がととのえられたのは鎌倉時代の俊芿《しゅんじょう》(一一六六~一二二七年)によってだった。

なぜ四条天皇の葬儀が泉涌寺で行われたのか、『泉涌寺史』には四条天皇は俊芿の生まれ変わりだという風説があったというほかに理由が記されていない。藤井『天皇と御陵を知る事典』では、四条天皇の遺詔により、父の後堀川天皇が葬られた観音寺に近い泉涌寺に埋葬されたとしている。いずれにせよ、当時、天皇の権威はいちじるしく低下し、泉涌寺のほかに四条天皇の葬儀を引き受ける寺がなかったという。

## 持明院統と大覚寺統の両統迭立から南北朝のころ

執権北条氏におされて仁治三年（一二四二）に皇位についた後嵯峨天皇は、四年後に四歳の皇子、久仁《ひさひと》親王（後《ご》深草《ふかくさ》天皇／一二四三〜一三〇四年）に譲位し、幕府の監視下で治天の君として院政を開始した。その後、正元《しょうげん》元年（一二五九）に後深草天皇を退位させ、天皇の異母弟の恒仁《つねひと》親王（亀山《かめやま》天皇／一二四九〜一三〇五年）に践祚させた。不本意に退位させられた後深草側の不満は強く、いわゆる持明院《じみょういん》統と大覚寺《だいかくじ》統の対立が起こった。

持明院は後嵯峨上皇が仙洞御所にした仏堂および屋敷の名である。後深草上皇も持明院に暮らしたことから、その皇統を持明院統という。大覚寺統初代の亀山天皇は退位後に嵯峨の亀山殿（嵯峨殿）に住んだが、皇子の後宇多《ごうだ》天皇（一二六七〜一三二四年）が嵯峨の大覚寺に住んだことによる名である。

文永九年（一二七二）、後嵯峨上皇は、後深草上皇と亀山天皇の側のどちらに皇位を継承させるかを告げずに崩じた。そのため、幕府の裁定によって、以後は持明院統と大覚寺統がほぼ交代で皇位につくことになる。

この両統迭立《てつりつ》の系譜は次のようになる。○数字は持明院統、●数字は大覚寺統で、（　）内は在位期間である。

①後深草（一二四六～一二五九年）―❷亀山（一二五九～一二七四年）―❸後宇多（一二七四～一二八七年）―④伏見《ふしみ》（一二八七～一二九八年）―⑤後伏見《ごふしみ》（一二九八～一三〇一年）―❻後二条《ごにじょう》（一三〇一～一三〇八年）―⑦花園《はなぞの》（一三〇八～一三一八年）―❽後醍醐《ごだいご》（一三一八～一三三九年）

後醍醐天皇が討幕の挙兵をしたのも、両統迭立をめぐる確執が一因だった。鎌倉幕府は元弘三年（正慶二／一三三三）に滅亡し、後醍醐天皇は建武の新政を始めるが、室町幕府初代将軍になる足利尊氏《あしかがたかうじ》と対立。建武三年（一三三六）に京都を出て吉野《よしの》（奈良県吉野町）に南朝をひらいた。以後、南北朝の分立時代が以後五十余年にわたって続く。皇統も、大覚寺統は南朝に、持明院統は北朝に分かれて受け継がれた。

**深草法華堂と泉涌寺**

南北朝期の天皇の葬法は、南朝では土葬、北朝ではもっぱら火葬だった。火葬の場合、荼毘にふしたあと、寺院に納骨するのが通例である。天皇の墓所は荼毘所の灰塚と納骨場所の仏堂もしくは供養塚に分かれるが、納骨場所のほうが陵とされる。持明院統初代の後

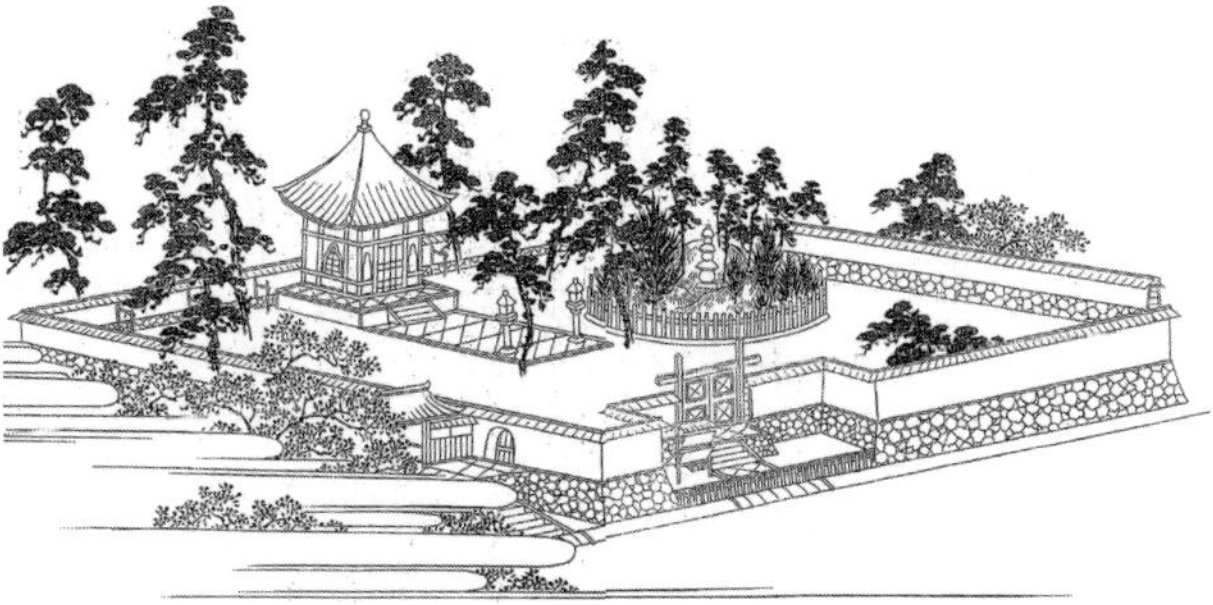

**深草北陵**（十二帝陵）　歴代の代数でいえば、第89代後深草天皇、第92代伏見天皇、第93代後伏見天皇、北朝第4代後光厳天皇、北朝第5代後円融天皇、第100代後小松天皇、第101代称光天皇、第103代後土御門天皇、第104代後柏原天皇、第105代後奈良天皇、第106代正親町天皇、第107代後陽成天皇の12人の陵である。もとは深草法華堂といった（『古事類苑』）

深草天皇（一三〇四年崩御）は伏見の深草で荼毘にふされ、その地に建立された法華堂に納骨された。この深草法華堂は持明院統歴代の霊堂として南北朝の合一（一三九二年）以後もひきつがれ、北朝第四代の後光厳《ごこうごん》天皇（一三三八〜一三七四年）以後は泉涌寺で荼毘にふし、深草法華堂に納骨するようになった。それは江戸時代初期の後陽成《ごようぜい》天皇まで十二人におよぶことから十二帝陵といい、現在は深草北陵とよばれる。

　後光厳天皇は北朝初代光厳天皇の第二皇子（弥仁《いやひと》王）で第三代崇光天皇の弟なのだが、世に何事もなければ皇位につくことはなかった。当時、北朝は劣勢で、文和元年（正平七年／一三五二）閏二月に南朝軍が足利幕府軍をやぶって入京し、崇光天皇と太子を廃したうえ、光厳・光明上皇とともに幽閉する事件が起こった。南朝の後村上天皇は自身も京都南方の男山八幡《おとこやまはちまん》（石清水《いわしみず》八幡宮）に進んで入京を目前にしたところ、三月に足利義詮《よしあきら》の軍勢が京都を奪い返した。後村上天皇は男山八幡から引いたが、そのとき光厳・光明・崇光の三上皇と廃太子を連れ去ったため、北朝には天皇も皇太子もいない事態となった。三種の神器も南朝に持ち去られていた。そこで、幕府は故後伏見上皇のきさきで光厳・光明天皇の生母の広義門院《こうぎもんいん》（西園寺寧子《さいおんじやすこ》）を治天の君に立て、その命という形をとって当時十五歳の弥仁王、すなわち後光厳天皇に皇位を嗣がせた。前代未聞、異例の践祚である。

その後、後光厳天皇の在位は十九年におよび、三十四歳で緒仁《おひと》親王（後円融《ごえんゆう》天皇）に譲位。応安七年（文中三年／一三七四）一月、疱瘡《ほうそう》にかかり、同月二十九日、泉涌寺長老（寺院の住持）の竹巌聖皐《ちくがんしょうこう》によって受戒・剃髪したのちに崩じた。

崩御の翌日、住まいの仙洞御所で入棺。「これまで生絹で御棺を包んでいたのが、赤地錦を使用する異例さであった」（藤井『天皇と御陵を知る事典』）という。赤地錦は赤地に金糸などで文様を織りこんだ布であるが、袈裟や法具の布として、とりわけ祈禱色の強い密教でよく用いられる。また、武将が鎧の下に着た直垂《ひたたれ》や武家の礼装にも用いられた。異例にも赤地錦で棺を包んだのは、南北朝の戦乱の世に武家の力が強まったことを映すとともに、入棺の儀が密教の仏事で行われたことをあらわす。

室町時代には天皇の遺体は坐禅の形で坐らせて棺にいれ、宝龕《ほうがん》（仏堂のような屋根をつけた輿《こし》）に納めるようにもなった。それは花園天皇（一三四八年崩御）にはじまることで、坐禅のようなさとりの姿で棺にいれたのである。

後光厳天皇の葬儀は二月二日の夜、宝龕を泉涌寺に運んで営まれた。御車が法堂《はっとう》（本堂）の前に着くと、供奉《ぐぶ》の公卿らは法堂の前にひかえて、そこから先の葬儀は僧のみで行う。葬儀は忌み事なので、践祚した新天皇も死穢《しえ》（死のけがれ）を避けて関与しない。

泉涌寺では法堂の仏前に仏具・供物の壇をしつらえ、四方に錦の幢幡《どうばん》（垂れ旗）をたてて葬儀の準備をととのえていた。御車が到着すると、僧たちが宝龕をおろして堂に入れ、壇に安置して位牌を立てた。前述したように天皇の名は没後の葬儀の際におくられる。当時は天皇号ではなく、「後光厳院」という院号が位牌に記された。

その仏前で僧たちが読経し、終わると、観音堂の前につくっておいた荼毘所の火屋《ひや》（葬《そう》場殿《じょうでん》）に宝龕をうつす。力者《りきしゃ》（従者）が宝龕をかつぎ、僧たちが死穢を祓うという光明真《こうみょうしん》言《ごん》（「おん　あぼきゃ　べいろしゃのう……うん」という大日如来の讃文）をとなえながら左右について火屋に運んだ。

荼毘所は忌垣《いがき》でかこみ、幔幕《まんまく》が張りめぐらされている。火屋は檜《ひ》皮葺《わだぶき》で薪を積み、正面の棚に「後光厳院」の位牌をたてる。僧たちが極楽浄土への往生をかなえるという観経《かんぎょう》文《もん》（光明《こうみょう》遍照《へんじょう》　十方《じっぽう》世界《せかい》　念仏《ねんぶつ》衆生《しゅじょう》　摂取《せっしゅ》不捨《ふしゃ》）や阿弥陀《あみだ》如来《にょらい》根本《こんぽん》陀羅尼《だらに》（のうぼうあらたんのうとらやーやー……そわか）、光明真言などを誦《じゅ》し、焼香して、泉涌寺長老が松明の火を薪にうつした。夜の闇に火屋が燃えあがるなかで、供奉の人々は特に葬儀にかかわることなく屋敷に戻っていった。

　翌日、権中納言《ごんのちゅうなごん》藤原忠光《ただみつ》が遺骨を奉じて深草法華堂に納めた。

　この後光厳天皇の葬儀が先例となり、荼毘所は泉涌寺、陵所は深草法華堂という形が南北朝の合一以後も続いた。とはいえ、分骨されることが多かったので、陵所は深草法華堂だけではなかった。後光厳天皇の遺骨も、深草法華堂のほか、泉涌寺、天龍寺塔頭《てんりゅうじたっちゅう》の金《こん》剛院《ごういん》、四天王寺、高野山、持明院の安楽光院《あんらくこういん》の計六ヵ所に納められた。

　次章で述べるように、泉涌寺が天皇の葬儀ならびに陵所を独占する「御寺《みてら》」になるのは、承応《じょうおう》三年（一六五四）に崩じた後光明《ごこうみょう》天皇のときに土葬が復活して分骨が行われなくなってからである。

# 第四章 近世の天皇と葬儀

## 江戸時代

**江戸時代の泉涌寺**　泉涌寺（京都市東山区）は室町・江戸時代には歴代天皇の菩提寺になり、境内に歴代天皇が埋葬された「帝王陵」（図の右端）がある（『都名所図会』）

## 近世という時代

中世の寺社は守護不入《しゅごふにゅう》（朝廷の役人や幕府・大名の立ち入りを不可とすること）の権をもって俗世間の秩序の外にあり、無縁所《むえんじょ》ともよばれた。寺社は公家《こうけ》（朝廷）・武家（幕府）と並ぶ実勢力であり、室町幕府が終焉期を迎えた戦国時代になっても、比叡山や興福寺、本願寺の一向一揆などは戦国大名に匹敵する武装勢力だった。

しかし、戦国大名の領国では、寺社は大名や家臣の菩提寺《ぼだいじ》ともなり、領国の支配に与《くみ》するようになった。その領国をこえて勢力をひろげていた比叡山や興福寺などの寺社も、織田信長や豊臣秀吉ら武門の覇権に屈した。その象徴的な事件が信長の比叡山焼き討ち（一五七一年）である。この信長・秀吉の安土桃山時代を過渡期として時代は「近世」にうつる。江戸時代の日本は公方《くぼう》（将軍）と公儀《こうぎ》（幕府）のもとに三百諸侯といわれる大名諸家の領国に分割された。いわゆる幕藩体制である。

江戸時代の寺社は幕府の寺社奉行や諸藩の寺社方の監視と保護をうけるとともに、諸宗寺院法度《しょしゅうじいんはっと》（一六六五年）によって本山―末寺の仕組み（本末制度《ほんまつ》）がつくられて各宗門の組織がととのえられた。また、寺請《てらうけ》制度によって家ごとに特定の寺の檀家《だんか》になり、禁教のキリシタンなどではないことを証明する宗門人別帳《しゅうもんにんべつちょう》が作成された。それによって、先祖をまつる菩提寺と檀家が固定され、いわゆる寺檀《じだん》制度（檀家制度）が確立し、葬儀や法事は菩提寺の僧によって行われることになった。ただし、寺社参りなどは宗旨に関係なく、信心は自由だった。世情が安定して街道や水運が発達した江戸時代には、伊勢参りや観音霊場巡り、富士山や立山など各地の霊場参りなどが盛んになった。

## 江戸時代の天皇と将軍

江戸時代の天皇は庶民にとっては遠い存在で、特段意識されることはなかった。というのも、天皇が御所の外に出ることはほとんどなかったので、姿はもちろん、天皇が乗る輿《こし》さえ見るのは稀だったためだ。また、天皇の御料所は小大名の所領程度で、それも京都近辺に限られていた。

皇室と公家は、戦国時代に所領を実効支配する力を失って窮乏した。後陽成《ごようぜい》天皇が豊臣秀吉を太政大臣《だいじょうだいじん》に任じることで多額の献上金を得たこともあったが、関ヶ原の合戦（一六〇〇年）で勝利した徳川家康は翌年、天皇に禁裏御領《きんりごりょう》として山城国の二十八ヵ村一万石を献上。といっても朝廷の財政を小大名なみに制限して力を抑えたのである。その後、加増されて御料所は三万石になるが、幕府領（いわゆる天領）は四百万石に及び、全国の大名も公方と公儀に忠誠を誓った。そのため、多くの人には天皇よりも、公方・公儀のほうが直接に意識された。

天皇と朝廷も、江戸時代には幕府に統制された。飛鳥時代の聖徳太子の憲法十七条や大《たい》宝律令《ほうりつりょう》以来の国家の法は、官吏の心得や役所の規則などを定めたもので、天皇自身は常に法の外にあったが、徳川家康は禁中並公家諸法度《きんちゅうならびにくげしょはっと》を定め、天皇の地位と役割を初めて法の条文で規定したのである。

禁中並公家諸法度は、豊臣氏が滅びた大坂夏の陣のあとの元和元年（一六一五）七月、前将軍家康、二代将軍秀忠《ひでただ》、前関白二条昭実《にじょうあきざね》の三名が連署した法令で、家康が京都につくった二条城で公布された。天子（天皇）は学問を修めるべき事という第一条以下、武家の官位は公家の官位とは別にすること（第七条）、改元の定め（第八条）、武家伝奏《ぶけてんそう》（幕府の意向を取りつぐ朝廷の役職）に反する公家は流罪とする事（第十一条）など十七条から成る。

将軍は天皇に任じられる官職なので、形の上では臣下になるが、実質的には、天皇・朝廷は幕府の京都所司代《しょしだい》に監視され、何事も幕府の許諾を必要とするようになった。

## 天皇の最後の火葬

そんな江戸時代最初の天皇は前出の後陽成天皇（一五七一～一六一七年）である。といっても、即位したのは豊臣秀吉が天下人になったころの天正《てんしょう》十四年（一五八六）、十六歳のときだった。激変の世を生きた後陽成天皇は在位二十五年をへて慶長十六年（一六一一）に後水尾《ごみずのお》天皇に譲位し、元和三年（一六一七）に四十七歳で病のために崩御。このとき、二代将軍秀忠が二条城に滞在しており、葬儀の準備が将軍の命によって行われた。京都所司代の板倉勝重《いたくらかつしげ》が禁中（御所）に伺候し、葬儀は九月二十日、追号は「後陽成院」と決まった。幕府がかかわる最初の天皇の葬儀で、費用は幕府の負担である。

『泉涌寺史《せんにゅうじし》』には後陽成天皇（正確には上皇）の葬儀のようすが次のように記されている。

上皇が崩じた八月二十六日、慣例どおりに泉涌寺の僧が仙洞《せんとう》（上皇の御所）に参上して籠《こもり》僧《そう》（お通夜をつとめる僧）や入棺の役をつとめた。籠僧は夜もすがら灯明をかかげ、法華経や光明真言を誦《じゅ》し続ける。夜が明けると、生前と同様に手洗の道具や朝餉《あさげ》の膳をそなえる。これが葬儀の日まで続いた。

葬儀は九月二十日の夜である。戌《いぬ》の刻（午後八時頃）、棺を乗せた八葉《はちようのおくるま》御車を牛が引き、松明を先頭に仙洞の門を出て泉涌寺に向かった。御車には泉涌寺の住持が同乗して経を誦し続ける。公卿十四人、殿上人《てんじょうびと》十六人が供奉《ぐぶ》し、一列になって御車の後に続く。狩衣《かりぎぬ》・烏帽子《えぼし》・わらじばきで、杖と数珠を持ってついていく。

仁和寺宮《にんなじのみや》（後陽成天皇の第一皇子・良仁《ながひと》親王）などの門跡《もんぜき》・尼門跡《にもんぜき》（出家した皇族）や縁戚の皇族、仙洞の女官らは輿で先に泉涌寺に行っている。時の天皇はそれまでどおり不浄を避けて自身は葬儀に出ず、勅使をおくるにとどめた。

上皇の御車が泉涌寺に着くと、力者《りきしゃ》（従者）が棺を涅槃堂《ねはんどう》に入れる。

涅槃は釈迦の入滅をいうニルヴァーナの表音で、さとりの静けさを意味する。涅槃堂は入滅の釈迦像をまつる仏堂、また寺院で臨終を迎えた老僧の部屋などをいう。ここでは荼《だ》毘《び》の前に棺（龕《がん》）を仏前に安置して供養する龕前堂《がんぜんどう》（龕堂《がんどう》）のことである。『泉涌寺史』によれば当時の本堂が龕前堂に用いられた可能性が強いと推定され、「この龕前堂は四間《けん》に七間、檜皮葺《ひわだぶき》の建物で、檜柱の結構な建物で四面に金襴の布がはりめぐらされてあった。建物の柱には、外も内も、燭台がとりつけられ、蠟燭《ろうそく》がともされて、夜のとばりの中にこの龕前堂が浮びあがっている」という。皇族や公卿らは、その龕前堂の前の庭にひかえて堂には上がらない。以後の儀式は僧だけで行われる。

泉涌寺では龕前堂の仏前に宝龕《ほうがん》とよばれる御輿《みこし》（宝輿《ほうよ》）を準備していた。龕は仏像をまつる場所や厨子《ずし》をさすが、ここでは天皇の棺を乗せる輿のことである。錦や金銀で飾られ、八角の屋根から八面の周囲に八つの瓔珞《ようらく》（金色の垂れ飾り）がつけられていた。

その宝龕の前に香炉・燭台・華瓶《けびょう》（花立）を置いて僧衆が読経し、照珍《しょうちん》という僧が引導《いんどう》をわたした。この龕前の式がおわると、宝輿は力者にかつがれて山頭《さんとう》の荼毘所に向かう。庭に控えていた皇族や公卿らは平伏して宝輿が通りすぎるのを待ち、僧たちの後ろについて茶毘所へ向かった。

茶毘所は野外を四角く荒垣で囲ったところである。山頭といっても山の頂きではなく、堂宇の裏手あたりにつくられる。荒垣の四方の門に鳥居を立て、東門に「発心《ほっしん》」、南門に「修行」、西門に「菩提」、北門に「涅槃」と書いた額をかけるのが習わしだ。

宝輿の列は北の涅槃門から荒垣の中に入り、葬場殿《そうじょうでん》（火屋《ひや》）の前の式台に宝輿を安置する。葬場殿は四方三間半の宝形造《ほうぎょうづくり》（方形の仏堂の形）、屋根は檜皮葺で、全体が白地金襴でおおわれている。その前で僧たちが読経し、仁和寺宮をはじめに門跡・尼門跡、皇族、公卿らが焼香し、夜更けに下火《あこ》（点火）にうつる。

葬場殿の内部には中央に穴が掘られ、薪をつみあげて火炉《かろ》がつくられている。宝輿を葬場殿の前から火炉の上に移し、導師の僧が松明の火をとって薪に点じた。葬場殿が燃え上がることをもって葬儀は終わり、皇族や公卿らは自邸に戻っていった。

拾骨は三日後の二十三日に行われ、御拾骨使の権中納言正親町三条実有《ごんのちゅうなごんおおぎまちさんじょうさねよし》らによって遺骨が深草法華堂に納められた。『泉涌寺史』は拾骨が三日後だったことを異例とする。御拾骨使は泉涌寺に泊まり、翌朝みずから拾骨するのが習わしなのに、このときはそうすることなく自邸で三日を過ごした。二十三日に泉涌寺に行き、泉涌寺の僧が拾っておいた遺骨を深草法華堂に納めたのである。

これが泉涌寺で火葬して遺骨は深草法華堂という形の最後だ。以後は土葬になるが、後陽成天皇の火葬の形が幕末にいたるまで踏襲される。なにしろ室町時代の南北朝のころから何百年も火葬が続いたのである。土葬になったからといって葬儀の形をまったく変更するわけにはいかないのだった。

## 徳川和子の入内

後陽成天皇の次の天皇は後水尾天皇（一五九六～一六八〇年）である。元和六年（一六二〇）、二代将軍秀忠の娘、和子《かずこ》（のち東福門院《とうふくもんいん》）が後水尾天皇の女御《にょうご》（きさきの一人、のちに中宮）として入内《じゅだい》した。天皇は二十五歳、和子は十四歳だった。天皇・公家や諸大名に対し、幕府の力を誇示する婚姻である。

譜代大名が警固する入内行列は、和子の乗る牛車《ぎっしゃ》の前後に百六十棹《さお》の長櫃《ながびつ》と供奉の公卿や大身《たいしん》の武士たちが騎馬姿でつらなり、二条城から御所まで延々と華やかに行進した。この和子入内にともなって一千枚とも一万枚ともいう銀子《ぎんす》のほか多額の献上があり、公家たちにも祝い金がふるまわれた。

その婚姻によって資金を得た後水尾天皇は、朝儀《ちょうぎ》（朝廷の儀式）・宮中祭祀の復興をめざした。しかし万事、幕府の諒承を得ながらのことで、不満を高めた後水尾天皇は寛永六年

（一六二九）に幕府への通告なく、わずか七歳の皇女の興子《おきこ》（一六二三〜一六九六年）に譲位した。奈良時代の称徳《しょうとく》天皇以来八百数十年ぶりの女帝、明正《めいしょう》天皇である。

興子は徳川和子の子で、徳川二代将軍秀忠の孫にあたる。やむなく幕府は諒承し、後水尾上皇（のち法皇）が治天《ちてん》の君《きみ》として院政を敷くことになった。幕府の監視下の院政であるが、延宝《えんぽう》八年（一六八〇）の崩御まで五十一年も続く。なにしろ宝算八十五歳、神話時代をのぞく歴代天皇のなかで昭和天皇（満八十七歳）につぐ長寿だった。

その長い生涯に明正・後光明《ごこうみょう》・後西《ごさい》・霊元《れいげん》の四代の天皇がたった。いずれも後水尾上皇の子だが、それぞれ生母がことなる。徳川将軍の血をひく明正天皇は独身の女帝で子はいないので、いわゆる女系天皇の皇統がうまれることはなく、徳川系の皇統がうまれることもなかった。

じつは和子にも二人の皇子がうまれたのだが、二人とも夭折して皇嗣《こうし》とはならなかったのである。そのかわり、側室の光子《みつこ》（大納言園基任《そのもとただ》のむすめ）の子の紹仁《つぐひと》親王（一六三三〜一六五四年）を和子の養子にし、十一歳のときに明正天皇の譲位をうけた。後光明天皇である。ところが、二十二歳の承応三年九月二十日、疱瘡《ほうそう》により急逝してしまった。

にわかな崩御はしばらく秘匿され、時の将軍家綱《いえつな》の使者が急ぎ上洛して協議し、後光明天皇の異母弟の良仁《ながひと》親王（一六三七〜一六八五年）を改めて和子の養子として践祚させた。後西天皇である。その間、後光明天皇の葬儀は一ヵ月近く遅れて十月十五日の夜になった。

## 「御寺」泉涌寺の誕生

後光明天皇の葬儀が遅れている間に、それまでの火葬をとりやめ、土葬にすることが決まった。その経緯について、ひとつのエピソードが伝えられている。加賀藩士の儒学者、青地礼幹《あおちれいかん》が在京のおりに聞いた話として随筆集『可観小説《かかんしょうせつ》』に記していることである。

御所に出入りの魚屋に奥八兵衛《おくはちべえ》という者がいた。かれは天皇が荼毘にふされると聞き、玉体に火をつけるのは畏れ多いと訴えた。泉涌寺の僧にも「疱瘡で死んだら下賤の者でも火葬にはしないのに、天子を火葬にするなら国家の不吉を招く」と説いてまわった。その訴えは後水尾上皇の耳にも届いて火葬をとりやめ、土葬になったという。幕府の官学となった儒教では土葬を習わしとしたので、その影響ともいう。

ともあれ葬法もあらたまり、二代将軍秀忠の義理の孫にあたる後光明天皇の葬儀に幕府は威信をかけて取り組んだ。禁裏から泉涌寺への道筋は近辺の大名が家臣団を率いて警固にあたり、篝火《かがりび》が照らす経路を京都所司代の板倉重宗《いたくらしげむね》が騎馬で家臣団を率いて先導し、棺を乗せた牛車が将軍の使者や大勢の公卿・殿上人らを従えて進んだ。それまでにない大規模な葬列を見ようと沿道に見物人が押し寄せた。

酉《とり》の刻（午後六時頃）に禁裏を出た葬列は戌《いぬ》の刻（午後八時頃）に泉涌寺に到着。以後の法式は従前どおりである。龕前堂に準備された宝龕に棺をうつし、読経・焼香する。それが終わると、火葬のときと同様に山頭の荼毘所に宝龕を運んだ。

宝龕をかついだのは三井寺の力者四十人、僧侶は三百人近い数だった。公卿や武士らも行列を組んでそれに続く。その道筋の両側にも、東西本願寺や禅宗の五山をはじめ諸宗の寺々の僧が立ち並び、宝龕が進むのにあわせて経をとなえた。「右側だけで五八ヶ寺、宗派は実に各宗各派」と『泉涌寺史』にいう。

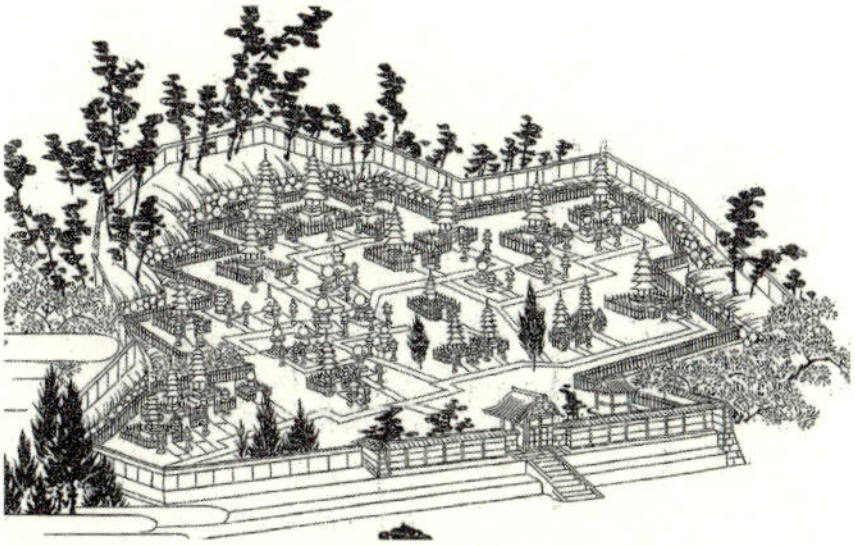

**泉涌寺の帝王陵**　九輪塔が立ち並んでいる。現在は月輪陵・後月輪陵といい、宮内庁が管理する天皇陵になっている（『古事類苑』）

荼毘所はそれまでどおり荒垣で囲まれ、その中央に宝龕を安置した。以前とちがうのは葬場殿がつくられていなかったことである。それでも火葬にみたてた儀式を執り行って僧たちが読経し、亡き天皇に引導をわたした。参列の将軍の使者や公卿らは焼香が終わると帰っていく。その後、泉涌寺の僧たちが宝龕を境内の山中に運び、石の唐櫃《からびつ》に納めて埋葬した。そこに石の九輪塔をたてたのが後光明天皇陵である。

その二十六年後の延宝八年（一六八〇）、父帝の後水尾法皇が八十五歳で崩じた。その葬礼は後光明天皇のとき以上に盛大に営まれたが、山陵をつくることはせず先に逝った後光明天皇のそばに埋葬され、後光明天皇と同様の九輪塔がたてられた。

それによって深草法華堂などに分骨されることはなくなった。天皇の葬儀は泉涌寺に一元化され、泉涌寺は「御寺《みてら》」とよばれるようになる。

泉涌寺境内に埋葬された天皇の陵は、まとめて月輪陵《つきのわりょう》（一八四〇年崩御の光格天皇からの区画は後月輪陵）という。その名は、開山の俊芿《しゅんじょう》を月輪大師《がちりん》ということと、背後の山を月輪《つきのわ》山《さん》ということによる。そこに鎌倉時代の四条天皇をはじめ後水尾天皇・後光明天皇から仁《にん》孝《こう》天皇（一八四六年崩御）までの二十五陵（皇后陵を含む）と五灰塚、九墓がある。灰塚は天皇の荼毘跡の塚、九墓は親王らの墓である。

この月輪陵・後月輪陵の背後の山中にある後月輪東山陵《のちのつきのわひがしりょう》は幕末の孝明《こうめい》天皇（一八六六年崩御）の陵である。なぜそこに孝明天皇陵があるのかは明治維新と神仏分離にかかわることなので後述する（一〇三ページ）。

# 第五章

# 尊皇の潮流

## 王政復古への道

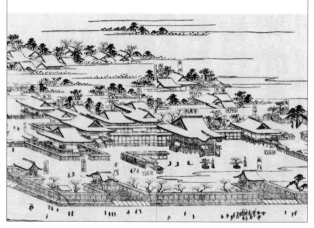

**江戸時代の京都御所**　周囲は公家の屋敷や町屋が並ぶ街並みになっていた（『都名所図会』）

## 宮中祭祀の復興

前章で述べたように、江戸時代初期、天皇・朝廷はきわめて窮乏した状態だった。御料地や公家の荘園が戦国大名などに簒奪されて多くが失われ、宮中の祭祀さえ幕府の援助なしにはなしえない状況に陥っていたのである。天皇一代に一度の大嘗祭《だいじょうさい》さえ後土御門《ごつちみかど》天皇の文正《ぶんしょう》元年（一四六六）を最後に途絶えたままだった。

大嘗祭は、くわしくは践祚《せんそ》大嘗祭という。天皇は毎年十一月に新穀を皇祖と天神地祇《てんじんちぎ》にまつって共食する新嘗祭《にいなめさい》を行うが、践祚（神器を受け継いで皇位を継承すること）と即位の大礼の後には特別の新嘗祭、すなわち大嘗祭を営む。それは四日間にわたる神事で、そのために新造された大嘗宮《だいじょうきゅう》の悠紀殿《ゆきでん》、主基殿《すきでん》の二棟の神殿で新帝がそれぞれ皇祖・天神地祇との共食を繰り返し、終了とともに大嘗宮は取り壊される。

大嘗祭は新帝の即位が七月までなら同年、それ以降なら翌年を原則とし、その年の春から準備がはじまる。まず大嘗祭に用いる稲穂をとるために都の東方から悠紀、西方から主基という国を占いで選び、斎田《さいでん》（神饌田《しんせんでん》）で稲をつくる。そのころ都では大嘗祭の斎場を新造する。穢れを避けるため、衣服も調度類もすべて新調して斎場に納める。

十月には盛大に御禊《ごけい》行幸を行う。占いで選んだ清らかな河原に頓宮《とんぐう》（仮宮《かりみや》）をつくり、百子帳《ひゃくしちょう》という帳《とばり》の内に神剣とともに坐した天皇が手水をとって清める儀式である。その行幸には鳳輦《ほうれん》（天皇の輿）に供奉《ぐぶ》の文武百官が装束を正し馬具を飾ってつらなり、打ち鳴らす列陣の鼓とともに進んだ。

吉野裕子『天皇の祭り』にあげられている平安時代の例では、御所から鴨川に至る沿道に桟敷《さじき》がつくられて観衆であふれた。宮中で行われる践祚・即位の礼や大嘗祭は人目にふれないが、御禊行幸は新帝の誕生を世の人びとに知らしめるものでもあった。

ところが、室町時代には朝廷の財政が窮乏し、大嘗祭どころか即位礼さえ満足に行えなくなる。後土御門天皇の大嘗祭の翌年には応仁《おうにん》の乱（一四六七〜一四七七年）が始まり、以後は戦国の乱世になって朝廷の窮乏はいっそう深まった。

こうして途絶えた大嘗祭が復活するのは江戸時代の貞享《じょうきょう》四年（一六八七）、東山《ひがしやま》天皇のときである。藤田覚『江戸時代の天皇』によれば、幕府が即位礼の経費として拠出した米七千二百石余と銀六十八貫ほどを節約して大嘗祭にもあてることを条件に幕府の承諾を得たのだという。じつに二百二十一年ぶりの大嘗祭だったが、経費節減のために御禊行幸をはじめ多くの儀式を省略したので復興といえるほどのものにはならなかった。それでも経費は多額となったため、次の中御門《なかみかど》天皇の大嘗祭は行われなかった。

大嘗祭は「天皇霊」を受け継ぐ重大な儀式だという説（折口信夫が提唱）もあるが、実際には行われない時期も長かった。大嘗祭が必須の儀式とされたのは、明治四十二年（一九〇九）に大正天皇の皇位継承を見越して公布された登極令《とうきょくれい》によってである。

しかし、王朝が華やかだった昔の朝儀（朝廷の儀式）・宮中祭祀の復旧は江戸時代の天皇や公卿たちの強い願望だった。次の桜町《さくらまち》天皇（一七二〇〜一七五〇年）のときには幕府も積極的に支援して、元文《げんぶん》三年（一七三八）に大嘗祭が再興された。

## 七社奉幣神事の復興

大嘗祭を再興した桜町天皇の在位中の寛保《かんぽう》四年（一七四四）は甲子《かっし》革令《かくれい》の年にあたることから延享《えんきょう》と改元。それとともに幕府から一千石の資金を得て七社奉幣使《しちしゃほうへいし》を復興した。

甲子革令とは六十年に一度の甲子《きのえね》の年に変革が起こるという時代観念による言葉で、平安時代に改元するのが習わしとなり、明治に一世一元になるまで続いた。その甲子革令を期し、応仁の乱以後の戦国時代に伊勢神宮だけになっていた奉幣使を七社に復旧したのである。

奉幣使とは古くは大宝律令の「神祇令《じんぎりょう》」に、新年の祈年祭《きねんさい》（その年の豊作を祈る神事）などにあたって伊勢神宮をはじめとする大社におくって幣（供物）を奉納すると定められている勅使である。七社奉幣は「上七社」という最上位の社格をもつ伊勢・石清水《いわしみず》・賀茂《かも》（上《かみ》賀茂《がも》・下鴨《しもがも》）・松尾《まつお》・平野《ひらの》・伏見稲荷《ふしみいなり》・春日《かすが》の七つの神社に勅使をおくって奉幣することである。

そのように神事が復旧されるなかでも、宮中から仏事が排除されたわけではない。正月の後七日御修法《ごしちにちのみしほ》や歳末の仏名会《ぶつみようえ》、御黒戸《おくろど》（御所の仏間）での天皇・皇后代々の供養など、さまざまな仏事が引き続き行われた。

なかでも桜町天皇は追善供養を重んじ、寛保《かんぽう》三年（一七四三）には父の中御門《なかみかど》天皇の七回忌にあたって御所の清涼殿《せいりようでん》で七日間の懺法《せんぽう》（罪障除滅《ざいしようじよめつ》の仏事）を営んだほか、みずから般若心経を書写して仁和寺《にんなじ》に納めた。そして寛延《かんえん》三年（一七五〇）の崩御後、それまでどおりの仏式の葬儀が泉涌寺で行われ、月輪陵に埋葬されて九輪の供養塔が建てられた。

## 天皇号の復活

ここまで「〇〇天皇」と記してきたが、どの天皇も生前にはそのようによばれることはなかった。天皇の生前の名は諱《いみな》といい、詔書には記されるが、口にするのは憚《はばか》られる。そもそも在位中の天皇は「上御一人《かみごいちにん》」なので固有の名ではなく、「御門《みかど》」「禁裏《きんり》」「主上《しゆじよう》」「聖上《せいじよう》」などとよばれた。それぞれの固有の名は次の天皇の代以降、古代には殯《もがり》での誄《しのびごと》（埋葬前の追悼の言葉）のなかで謚《おくりな》が告げられた。たとえば欽明《きんめい》天皇（在位五三九〜五七一年）

は「天国排開広庭尊《あめくにおしはるきひろにわのみこと》」（『日本書紀』）と諡された。やまと言葉の名なので和風諡号《わふうしごう》という。和風諡号に対し、「欽明」「持統」など漢字二字の漢風諡号は、奈良時代中期に神代にさかのぼってつけられた。天皇を「すめらみこと」と読むのは「天下をおさめる尊《みこと》」という意味である。奈良時代には遣唐使の派遣などとともに朝廷も唐風になり、「てんのう」と音読みされるようになった。

その後、和風諡号は次第に行われなくなり、平安時代初期の仁明《にんみょう》天皇（八五〇年崩御）の「日本《やまと》（倭）根子天璽豊聡慧尊《ねこあめしるしとよさとのみこと》」が最後になった。「やまとねこ」は天皇の諡に枕詞《まくらことば》のようにつける美称である。

いっぽう、漢風諡号でも天皇の威徳を讃える意味が薄れて、生前の居所や陵の地名などからつけられるようになった。その初めは平城《へいぜい》天皇（七七四〜八二四年）である。父の桓武天皇が遷都する以前に平城京で生まれ、平安京で即位したが、譲位後に奈良に戻って崩じた。そこから平城天皇という。次の嵯峨《さが》天皇（七八六〜八四二年）の名も譲位後に嵯峨院《さがいん》（のちの大覚寺《だいかくじ》）に暮らしたことによる。平城・嵯峨は地名で、生前の天皇の威徳をあらわす名ではない。それらは諡号と区別して追号という。

さらに平安中期の村上《むらかみ》天皇（九二六〜九六七年）を最後に「天皇」という言葉も消える。次の冷泉《れいぜい》天皇（九五〇〜一〇一一年）は譲位後に暮らした御所の名から「冷泉院」とよばれる。以後の追号の多くは居所にちなんで「○○院」とされ、たまたま同じ場合には「後一条《ごいちじょう》」「後嵯峨《ごさが》」のように加後号をつけた。「○○天皇」という天皇号が復活したのは、村上天皇から八百七十年あまりたった江戸時代後期の光格《こうかく》天皇（一七七一〜一八四〇年）のときである。

すでに幕末に近く、尊皇運動がたかまっていたころだった。「○○院」という追号は戒名の院号と同じで、将軍や大名も「○○院」という。それでは天子にふさわしくない。また、御所の地名などによるのではなく、天子の威徳をあらわす諡号に戻すべきだということから「光格天皇」と諡《おくりな》されたのである。「光格」は中国古典の『書経』の言葉「允《まこと》に恭《うやうや》しく克《よ》く譲《ゆず》り四表《しひょう》（世界中）を光被《こうひ》し上下に格《いた》る（中略）万邦《ばんぽう》を協和《きょうわ》し黎民《れいみん》おおいに茂《しげ》り時《こ》れやわらぐ」からとられた。

光格天皇は八百七十年ぶりに天皇号をおくられたが、葬儀はそれまでと変わらず泉涌寺の僧によって執り行われた。棺は歴代天皇の月輪陵が手狭になったために隣に後月輪陵《のちのつきのわりょう》をつくって埋葬されたが、埋葬地には従来どおり、石の九輪塔が建てられた。

その陵墓の形にも復古がおよんだのは幕末の慶応二年（一八六六）十二月に崩じた孝明《こうめい》天皇のときで、古代の墳墓にならって墳丘が築かれた（詳細は次章）。諡号の「孝明」は儒教の『孝経』にある「明王（すぐれた君主）の父に事《つか》えて孝ゆえに天に事えて明なり」という言葉による。以後は一世一元の「明治」「大正」「昭和」の元号がそのまま諡号になるが、いずれも中国の古典から二字をとったものである。

なお、歴代天皇の名は明治・大正時代に古代にさかのぼって「〇〇天皇」と統一された。そのときにあらためて諡号をおくって歴代に加えた天皇もある。第三十九代弘文《こうぶん》（壬《じん》申《しん》の乱に敗れた大友皇子）、時の政治情勢のなかで廃帝とされた第四十七代淳仁《じゅんにん》（淡路廃帝）と第八十五代仲恭《ちゅうきょう》（九条廃帝）の三天皇である。

**尊王思想の高まり**

江戸時代中期以後、いわゆる「復古」が武士や庶民にも広まり、『古事記』が再発見され、万葉調の歌づくりなどが流行するようになった。

「復古」が大きな意味をもつのは、江戸時代の人びとの意識が典型的な過去志向だったところにある。今日、その気分を理解するのは難しい。明治の近代化と殖産興業、近くは昭和の高度経済成長期の特異な未来志向の時代をへて、私たちは過去よりも未来を意識するようになった。

しかし、過去志向の伝統社会では、未来はあまり意味をもたない。個人の将来や死後の来世への関心はともかく、社会の未来図はほとんど想像もされない。

江戸時代には、昔の合戦のときの先祖の手柄などで武家の家格が決められ、農民の田畑も先祖伝来のものだった。そのため家門の系図づくりがさかんになったり、先祖供養が重視されて菩提寺《ぼだいじ》が大きくなったりした。

歴史が社会・経済の進歩発達史としてつづられる今では、昔の神話やしきたりに従うとは迷信・旧弊にとらわれているかのように思われるのだが、そういうことではない。江戸中期には、仏教や儒教が伝来する以前の古代に理想的な日本の姿をもとめる国学が、伊勢松坂に私塾、鈴屋《すずのや》をひらいた本居宣長《もとおりのりなが》（一七三〇～一八〇一年）、復古神道を説いた平田篤胤《ひらたあつたね》（一七七六～一八四三年）らによって創唱された。

幕末には外国船が来航するなかで純粋な日本を守ろうとする尊王攘夷論が高まり、いわゆる勤王《きんのう》の志士があらわれる。今では日本の新しい未来をめざしたという印象が強い幕末の志士たちは、国学の復古・尊皇（尊王）思想に大きく影響されていた。

もうひとつ、さらに大きな影響があった尊皇思想は水戸学から生まれた。二代藩主の徳川光圀《みつくに》が編纂を命じて以来、水戸徳川家では連綿と国史を研究して『大日本史』を編みつづけ、江戸時代後半には後期水戸学とよばれる尊皇論にいたった。

後期水戸学は藩校の弘道館《こうどうかん》を中心に発達した。藩校であるからには儒学（朱子学）の「忠君」を柱とする。忠君の直接の対象は藩主、さらには将軍なのだが、問題はその「大義名分」である。将軍が天下を治める大義は『大日本史』の編纂をとおして培われた皇国史観に見いだされた。後期水戸学の祖とされる藤田《ふじた》幽谷《ゆうこく》が寛政《かんせい》三年（一七九一）にあらわした『正名論《せいめいろん》』は檄文《げきぶん》のような文章で、次のように述べる。

赫赫《かくかく》たる日本、皇祖開闢《かいびゃく》より、天を父とし地を母として、聖子・神孫、世《よよ》明徳を継ぎて、以《もっ》て四海（全世界）に照臨《しょうりん》したまふ。四海の内、これを尊びて天皇と曰《い》ふ。（中略）君臣の名、上下の分、正しく且《か》つ厳なるは、なほ天地の易《か》ふべからざるがごときなり。ここを以て皇統の悠遠、国祚《こくそ》（国の栄え）の長久は、舟車《しゅうしゃ》の至る所、人力の通ずる所、殊庭絶域《しゅていぜついき》（仙人の秘境）も、未だ我が邦のごときものあらざるなり。豈《あ》に偉《い》ならずや。（中略）この故に幕府（将軍）、皇室を尊《たっと》べば、すなはち諸侯、幕府を崇《たっと》び、諸侯、幕府を崇べば、すなはち卿・大夫《だいふ》、諸侯を敬す。
（日本思想大系『水戸学』）

今は将軍が「天子の政」を摂《と》って天下国家を治めているので、異国の人は「天皇は国事にあずからず、ただ国王（将軍）の供奉《きょうほう》を受けるのみ」だと考えている。確かに実態はそうなのだが、「皇朝自《おのず》から真天子あれば、すなはち幕府はよろしく王を称すべからず」、真の天子あれば、将軍が王になることはないと幽谷は主張した。

**水戸の藩校・弘道館**　幕末の尊王攘夷運動の中心地で、吉田松陰、西郷隆盛らも訪れて教えを受けた（水戸観光コンベンション協会）

また、会沢正志斎《あいざわせいしさい》が文政《ぶんせい》八年（一八二五）に水戸藩主に提出した『新論《しんろん》』は、その過激さから当初は秘蔵されたが、異国船が次々に来航した幕末には勤王の志士たちのバイブルになった。天皇をいただく「国体」を攘夷によって守ることを主張する書物である。

神州（日本）は太陽の出るところ、元気（万物の気の根本）がはじまる国で、天皇が皇位をついできた。日本は大地の元首であり、万国の綱紀（あらゆる国をしたがえるもの）であって、皇化（天皇の治世）はあらゆるところに及ぶ。ところが今、西の野蛮な国々が世界の海をかけ、きたない足で諸国をふみにじり、自分の力もかえりみずに、あえて上国（日本）を凌駕しようとしている、と『新論』は説く。

国学が市井の私塾で発達したのに対し、徳川御三家の水戸学は歴《れっき》とした官学である。大名諸家の家臣の教育にも用いられた。『大日本史』編纂所の彰考館《しょうこうかん》と藩校の弘道館《こうどうかん》におこった尊王攘夷論は、幕府と朝廷、諸藩の別を超えて大きな影響力をもったのだった。

ところが、会沢正志斎は最後の将軍となる徳川慶喜《とくがわよしのぶ》に開国を勧めた学者でもある。そこには「小攘夷」「大攘夷」とよばれる考え方があった。国情を無視してむやみに異国船打ち払いを実行するのは小攘夷、ひとまず開国しても国力の充実をはかり兵力を強化して異国を排除するのを大攘夷という。尊王攘夷をかかげて幕府をたおした維新政府は一転して開国に動くが、それを許す論理が大攘夷と富国強兵であった。そして欧米諸国をモデルに文明開化という未来志向の時代が到来する。

ところで、国学や水戸学で尊王意識が高まっても、江戸時代には人口の九割以上をしめた農民や町民の日々の暮らしとは関係がなく、多くの人にとっては天皇は遠い存在だった。しかし、京都では事情が異なる。天皇は庶民にも親しいものだった。

### 都びとの禁裏様

現在の京都御所は広大な京都御苑《ぎょえん》のなかにある。御苑は一般に公開されているが、石垣と築地塀《ついじべい》でかこまれ、昔は全体が立ち入りを許さない禁域であったかのような印象をうけていた。しかし、江戸時代には一帯が公家町で、町屋もあって周囲は雑然とした街並みになっていた。
そのなかで御所も閉ざされていなかった。御所参詣の人びとがおりおりにおとずれ、禁裏の内にも入ることができたのである。藤田覚『江戸時代の天皇』によれば、とくににぎわったのは追儺《ついな》（鬼払い）の儀式が行われる節分の夜だった。大勢の人が内侍所《ないしどころ》（神器の鏡を奉安する賢所《かしこどころ》）にまで参詣し、銭十二文と決まりの賽銭を投げて、撒《ま》かれる豆をもらって帰った。天皇は奥深くにいて姿は見えなくても、そこに「禁裏様（天皇）」がいるということで、初詣の寺社参りのようなことが御所で行われたのである。飢饉の年に御所千度参《せんどまい》りが突如として発生したこともある。藤田『江戸時代の天皇』は、そのようすを次のように記す。

天明七年（一七八七）は、その夏頃に長かった天明の飢饉が最後のピークを迎える時だった。五月から六月にかけて、未曾有《みぞう》の激しい打ちこわしが、江戸、大坂をはじめとする各地の城下町など諸都市で頻発した。ところが、天皇のお膝元である京都では、六月初めから、多いときは五万人ともいう人びとが、禁裏御所を囲む築地塀の周囲をぐるぐる廻り、南門などで拝礼して何事かを祈願する「千度参り」をしていた。

（中略）他の大都市では打ちこわし、京都では御所千度参り、ということである。

## 王家の維持に威信をかけた幕府

諸国の勤王の志士にとっても、天皇は国学や水戸学のいう観念上の神州の帝《みかど》にとどまっていなかった。現実に天皇がいる王都（京都）が尊王攘夷運動の中心になっていくのは必然で、志士たちが京都に集まった。

そして、尊王という点では幕府も倒幕派も同じだった。代々の将軍は形のうえでは天皇に任じられるものだったし、大名や旗本の官位・官職（従五位下・越前守など）も天皇からさずかる形をとった。武家の官位は公家とは別立て（禁中並公家諸法度第七条）の形だけのものでも、その栄誉のみなもとは天皇にあった。そのことが「幕府（将軍）、皇室を尊《たっと》べば、すなはち諸侯、幕府を崇《たっと》び」（藤田幽谷『正名論』）という水戸学の主張にもなった。

ところが、天皇の即位式、大嘗祭、葬儀などの大礼は幕府の財政にとって大きな負担だった。しかし、王家の維持は幕府の面子をかけたものになり、たびたび焼失した御所の再建などにも幕府は巨額の出費を強いられた。

現在の京都御所の建物は嘉永七年（一八五四）に火災で焼失したのち、安政二年（一八五五）に再建された。三年後の安政五年に幕府は日米修好通商条約を結んで開国するが、開国か攘夷かをめぐって激しく争われた時期に幕府は巨費を投じて御所を再建したのである。

## 条約勅許をめぐる動き

幕末の孝明天皇（一八三一～一八六六年）は弘化三年（一八四六）に父帝の仁孝天皇が急逝したため、十六歳で践祚。その父帝も祖父の光格天皇も朝儀復興に尽くした天皇で、孝明天皇も復古に熱心だった。幕府とは融和的だったが、開国には強硬に反対した天皇である。践祚した年の五月にアメリカ東インド艦隊司令官ビッドルが浦賀に来航して通商を求めた際に「神州之瑕瑾無之様《しんしゅうのかきんこれなきよう》（神州日本が傷つけられないように）」という「海防勅諭」を幕府に下した。夷狄《いてき》（異国の蛮族）に上陸を許すことは天照大神以来の皇祖から受け継いだ神州日本の清浄を汚すという。以来、孝明天皇の考えは変わらない。

しかし、安政五年（一八五八）、幕府は日米修好通商条約の調印に先だって老中堀田正睦《ほったまさよし》が上京して孝明天皇に条約調印の勅許をもとめた。

そもそも外交は公儀（幕府）の専権である。長崎での通商などに幕府が朝廷の承諾をもとめたことなどなかった。しかし、開国か攘夷かで国論が二分するなか、両者とも尊王の点では同じなので、勅許によって攘夷派をおさえることができるはずだった。

二月九日、堀田正睦は参内《さんだい》し、孝明天皇に黄金や香木を献上。二月十一日、武家伝奏や朝廷の議奏らを堀田の館に招いて世界の情勢を説明し、アメリカと交わした条約案をみせて勅許をもとめる。三月五日、堀田は条約の締結をこれ以上引き延ばせば紛争が起こると武家伝奏に告げ、速やかな勅許をもとめる。三月十一日、天皇の勅裁を得て条約に関しては幕府に委任すると朝議決定。

武田秀章『維新期天皇祭祀の研究』によれば、その夜、天皇は議奏久我建通《こがたけみち》に朝議決定は自分の意思ではないという密旨を授けたという。この密旨をうけて中山忠能《なかやまただやす》、正親町《おおぎまち》三条実愛《さんじょうさねなる》、岩倉具視《いわくらともみ》らが公家たちをまわり、翌十二日には八十八名の公家が御所に参じて朝議撤回を訴えた。十八日に御前評議がひらかれ、二十日、御三家以下諸大名の衆議をつくしたのちに改めて勅許を願うようにし、通商条約の調印は見合わせよという勅命が堀田正睦に下された。

## 「聖旨」の発動

天皇の意思を直接に確かめることは側近以外にはできない。天皇が側近に告げたという言葉、個人的にあたえた宸翰《しんかん》(書簡など天皇直筆の文書)などに示された「聖上《せいじょう》の叡慮」が一人歩きをはじめる。

朝議をへて正式に下された条約勅許不許可の「叡慮」の影響は絶大だった。武田『維新期天皇祭祀の研究』には「叡慮は、幕府経由で、公然と全国の大名に伝達された。四月二十五日、御三家以下諸侯の江戸登城が令せられ（中略）一層諸侯の公議を尽すべしとする叡慮が諸大名に伝えられた（中略）。かくて「条約調印不許可の叡慮」は、いまや朝幕間のみならず、全国レベルで周知されるに至った」という。

にもかかわらず、幕府は大老井伊直弼《いいなおすけ》が決断して同年六月に日米修好通商条約に調印したのをはじめ、オランダ、ロシア、イギリス、フランスと次々に通商条約をむすんだ。いわゆる安政五ヵ国条約である。「叡慮」に反し、勅許を得ぬままの調印だった。

大老井伊直弼は攘夷派との軋轢《あつれき》に苦慮し、孝明天皇の妹の和宮親子内親王《かずのみやちかこないしんのう》と十四代将軍家茂《いえもち》（一八四六〜一八六六年）との結婚によって公武合体《こうぶがったい》を目指し、和宮の江戸降嫁を画策した。しかし安政七年三月三日、桜田門外の変が起こる。水戸の脱藩士十七名と薩摩の脱藩士一名が江戸城の桜田門外で井伊直弼を襲って暗殺したのである。

和宮の降嫁は文久《ぶんきゅう》二年（一八六二）に実現するが、その年、公武合体を進めていた老中安藤信正《あんどうのぶまさ》が江戸城の坂下門外で襲撃されて負傷する事件も起こった。混迷は深まり、それとともに政局の中心が江戸から京都に移り、有力大名が京都で会合するようになった。

世情騒然とするなかで孝明天皇の「叡慮」を奉じた朝廷は幕府に攘夷決行、異国船打ち払いを迫った。幕府はやむなく承諾し、委細は将軍家茂自身が上洛して奉答することになる。文久三年三月四日、家茂は三千人の随員とともに上洛、五月十日をもって異国船打ち払いの決行を約した。

将軍の上洛は江戸時代初期には頻繁で、二条城を居所とした。寛永《かんえい》十一年(一六三四)には三代将軍家光《いえみつ》が三十万七千の大軍を率いて上洛し、将軍の天下を上皇・天皇や公家方に見せつける。江戸と京都の力の差は歴然として、その後、将軍の上洛はなかった。

幕末の十四代家茂の上洛は、じつに二百二十九年ぶりのことである。世情は大きく変わって尊皇の潮流がうねりよせていた。といって、天皇は配下の兵をもたず、実力は何もない。天皇みずから兵を率いて出陣したのは、古代をのぞけば、後醍醐天皇にはじまる南北朝のときくらいだ。以来五百年、天皇は軍を率いるどころか、御所の外に出ることさえ稀だった。それが孝明天皇のときに変わる。

天皇が人々の前に姿をあらわすようになったのである。

## 民衆の前に現れた「祈る天皇」

文久三年(一八六三)三月十一日、孝明天皇は将軍家茂をしたがえて上賀茂神社・下鴨神社に行幸し、四海静謐《しかいせいひつ》(世界が平穏であること)と外患除去を祈った。それまではおりおりの祭礼や法会に勅使が寺社におくられるものだった。孝明天皇も七社七寺(伊勢神宮・石清水八幡宮など興福寺・延暦寺・東寺など）をはじめ二十二社に勅使をおくって外患除去を祈禱させたことがある。

　このたびは親拝である。

　孝明天皇は輿に乗り、臣下の将軍は騎馬で供奉し、諸大名も従って大行列を組んだ。その行幸の列は御所を出て下鴨神社に参詣し、賀茂川沿いを上賀茂神社に進んだ。

行幸とは天皇が御所から公的に外出することであるが、後水尾《ごみずのお》天皇の二条城への行幸（一六二六年）以来、これも二百三十七年ぶりのことだった。人びとは驚いて沿道におしかけ、その行列を見た。

　平成の天皇が退位の意向をしめされたビデオメッセージ（二〇一六年八月）以来の論議のなかで「天皇の本質は祈ることで、宮中で祈りさえすれば天皇の存在意義がある。被災地への訪問などの公的行為はできなくてもよい」という識者の意見もあったが、孝明天皇こそはまさに「祈る天皇」として民衆の前に現れたのである。『孝明天皇紀』には「車駕《しやが》賀茂下上社《しもかみしや》に幸《こう》し親しく攘夷を祈らせ給ふ」と記す。

　賀茂神社親拝は長州藩主毛利《もうり》敬親《たかちか》の「非常之御破格ヲ以御社参《もつてごしやさん》遊ばされ且《かつ》泉涌寺之御参詣ヲモ遊ばされ御代々様（歴代天皇）之叡霊《えいれい》ニモ御報告之無《これな》くテハ相叶《あいかな》わぬ儀ト存じ奉り候（中略）草莽《そうもう》之者共（在野の勤王の志士たちも）宝輦翠華《ほうれんすいか》（天子の輿と旗）之御余光ヲ仰ぎ

奉り候得《そうらえ》ハ　イカ計《ばかり》感激奮興仕《つかまつ》る可《べ》く譲夷之御大業自是《じぜ》シテ相立可《あいたつ》し」（『孝明天皇紀』原文の一部を読み下した）という建白書によって行われた。

長州は将軍を天皇に従わせることをねらい、幕府は公武合体のあかしとして盛大に天皇の行幸を行った。行列の沿道から長州藩士の高杉晋作《たかすぎしんさく》が「いよう、征夷大将軍」と声をかけて徳川家茂をからかったという逸話も伝わる出来事である。

さらに、神武天皇陵、春日大社、伊勢神宮への行幸と親拝が計画された。それは同年八月十八日の政変（長州藩や薩摩藩が欧米の軍艦を砲撃して敗れ、宮廷から攘夷派が一掃された事件）によって中止されたのだが、万世一系の皇統の威光はますます重視され、「諸事　神武創業之始《はじめ》ニ原《もとづ》キ」（王政復古の大号令／一八六八年）という明治維新のスローガンにつながっていく。

こうして明治維新へと動いていった幕末に、もうひとつ、幕府が取り組んだのが天皇陵の探索と復興だった。

# 第六章

# 山陵の復活と孝明天皇陵

## 古代神話の再生

**孝明天皇陵**（**後月輪東山陵**）　直径42m。泉涌寺の後山の山腹をけずって3段の円丘の上に八角丘が築かれ、巨石の石組みを置く（『古事類苑』）

## 記紀神話の再発見

山陵とは小山のような墳墓のことで、天皇・皇后の陵をいう。奈良県や大阪府には天皇陵と伝わる古墳が数多く存在するが、かつては放置された状態で、畑になったり村の入会地の柴刈り場になったりして自然の小山とほとんど変わらず、濠は溜め池に利用されていた。しかも、どの天皇の陵なのかも、はっきりとわからない状態だった。その探索と修復が始まったのは江戸時代のことである。天皇陵の所在を定めることを治定《じじょう》といい、どの天皇の陵なのかを決めることを比定《ひてい》という。

江戸時代初期には水戸徳川家で『大日本史』の編纂が始まり、中期に国学が広まるにつれて、いわゆる国史への関心が高まった。そのため、山陵の調査と修理が行われるようになったのである。なかでも重要なのは、神武《じんむ》天皇陵の探索だった。

『古事記』『日本書紀』（記紀）によれば、伊耶那岐命《いざなぎのみこと》・伊耶那美命《いざなみのみこと》によって生み出された芦原中国《あしはらのなかつくに》を治めるため、天照大神の孫の邇邇芸命《ににぎのみこと》が九州の高千穂峰《たかちほのみね》にくだった。それを天孫降臨といい、天皇家の源として伝えられるが、まだ人間の天皇ではない。天照大神を祖とする地神五代のあと、神武天皇が日向の高千穂の宮から軍勢を率いて瀬戸内海を東方に遠征。紀伊半島の熊野に上陸して紀伊や伊勢の荒ぶる国《くに》つ神《がみ》（土地の神々）と戦いながら進撃し、大和を平定した。そして、「辛酉年《しんゆうのとし》の春正月の庚辰《こうしん》の朔《ついたち》に、天皇、橿原宮《かしはらのみや》に即帝位《あまつひつぎしろしめ》す。是歳《ことし》を天皇元年《すめらみことのはじめのとし》とし、正妃（媛蹈鞴五十鈴媛命《ひめたたらいすずひめのみこと》）を尊びて皇后としたまふ」と『日本書紀』にいう。神武天皇は和名を神倭伊波礼毘古命《かむやまといはれひこのみこと》（大和朝廷のいわれのみこと）といい、人皇初代、すなわち地上の人間の最初の天皇になったのだった。

神武天皇は室町時代の戦記物語『太平記』の冒頭に「本朝人皇《にんおう》の始《はじめ》、神武天皇より九十五代の帝《みかど》、後醍醐天皇の御宇《ぎょう》に」と語られているように、歴代天皇の初祖として伝えられた。しかし、記紀神話そのものは、神仏習合が深まった中世にはほぼ忘れられた。第三章「中世の天皇の葬儀」で述べたように、天照大神でさえ大日如来の化身だといわれるようになり、各地の神社の神々も神仏習合の物語によって語られるようになったからだ。『古事記』『日本書紀』が再発見されたのは江戸時代の水戸学と国学によってである。国学者は儒教や仏教の伝来以前の天神地祇を取り戻すべきだと説いて復古神道もおこった。

ところが、歴代天皇の基点になる神武天皇の陵の所在がわからなかった。『日本書紀』に神武天皇は在位七十六年、「春三月の甲午の朔」、橿原宮にて百二十七歳で崩じ、「明年《あくるとし》の秋九月の乙卯《いつぼう》の朔にして丙寅《へいいん》に、畝傍山東北陵《うねびやまのうしとらのみささぎ》に葬《ほふ》りまつる」、『古事記』では百三十七歳、「御陵《みはか》は、畝傍山の北の方《かた》の白檮尾《かしのお》の上に在り」とあるので、畝傍山（奈良県橿原市）の近辺に神武天皇が葬られたことになる。しかし、その陵が知れなかったのである。

## 神武天皇陵の探索

江戸時代の天皇陵探索の最初は、元禄《げんろく》十年（一六九七）から二年がかりで幕府が実施した元禄の修陵である。墳の周囲に垣根をめぐらし、正面とおぼしきところに鳥居をつけて、『諸陵周垣成就記《しょりょうしゅうえんじょうじゅき》』という報告書を作成した。しかし、神武天皇陵については「古ク神武天皇陵ト申セトモ　マギラハシキナリ」と疑念が記されている。

じつは神武天皇陵といわれるところが畝傍山の周囲に複数あり、うち三ヵ所が有力だった。一つ目は「ツカ山（塚山）」、二つ目は「丸山」、三つ目は「ミサンサイ（ミサンザイ）」とよばれるところである。「ミサンザイ」は「みささぎ」のなまりだといい、江戸時代には、そこに「神武田《じんむでん》」という名の石塚があった。

その後、幕末まで数次にわたって幕府による修陵が断続的に行われた。その間には尊王の儒学者、蒲生君平《がもうくんぺい》（一七六八〜一八一三年）が寛政《かんせい》八年（一七九六）から十余年にわたって山陵を探索して『山陵志』をあらわした。蒲生は「前方後円墳」という言葉を初めて用い、官車（御所車）をかたどったものだと論じるなど、古墳研究の嚆矢《こうし》になる。しかし、神武陵については「畝旁山東北隅に、呼びて御陵山と曰《い》ふ所、墳然として隆起す此《ここ》なり」というが、「大和志に、此を以《もち》て神八井《かんやい》の墳（第二代綏靖《すいぜい》天皇陵）と為す」ともいい、「未だ何処《どこ》なるかを詳《つまびらか》にせず」と神武陵の所在はわからないとしている。

ところが、幕末の尊王運動のなかで万世一系の皇統をいただく日本の国体が強調されるようになると、歴代天皇陵の探索と修復が重要な課題として浮上し、なかでも神武天皇陵

**畝傍山と神武天皇陵**　ミサンザイとよばれるところにある「神武田」という名の石塚が、神武天皇陵だという。それに旅人が手を合わせている（『南都名所集』／外池昇『天皇陵論』）

の治定が重要な課題になった。

## 文久の修陵

文久二年（一八六二）閏《うるう》八月、宇都宮藩の藩主が山陵修補の建白を幕府に出した。関東北部の要衝である宇都宮藩の歴代藩主は譜代大名がつとめ、水戸徳川家とも近い関係にあった。また、蒲生君平の出身地でもある。

その宇都宮藩が山陵修補の建白を出したのは、公武合体のあかしとして皇女和宮《かずのみや》が降嫁した年である。しかし騒乱はおさまらず、閏八月には会津藩主の松平容保《まつだいらかたもり》が京都守護職に任じられた。そのような状況のなかで幕府は山陵修補の実施を決め、宇都宮藩家老の戸《と》田忠至《だただゆき》（一八〇九〜一八八三年）を山陵奉行に任じた。

戸田忠至と宇都宮藩士らの一行は九月に江戸を発ち、京都で準備をととのえたのち、絵師、大工の棟梁などを加えて十一月から大和の天皇陵から巡検を開始、三年をかけて歴代天皇陵の修陵を行った。

この文久の修陵の結果は、慶応三年（一八六七）、おりから新造の孝明天皇陵の図をふくめて『文久山陵図』という図録にまとめ、幕府と朝廷に献上された。陵を垣根でかこって正面に鳥居と拝所をもうけ、神社と同様に玉砂利をしきつめた現在の天皇陵の形は、この

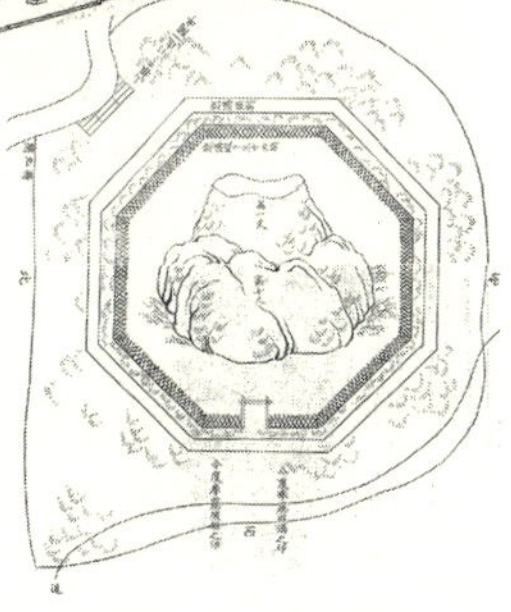

**神武天皇陵**　江戸時代初期には95ページの絵のような状況だった。右は元禄の修陵で「神武田」という石塚に垣根をめぐらした陵。その後、ふたたび荒廃し、文久の修陵で上図のように方形の垣根がめぐらされた（『古事類苑』）

文久の修陵によってつくられた。

もうひとつ、今も受け継がれていることがある。宮内庁が管理するどの天皇・皇后陵にも、文久の修陵以来みな「みだりに域内に立ち入らぬこと」「鳥魚等を取らぬこと」「竹木等を切らぬこと」という三ヵ条が掲げられていることである。以前は、立ち入って鳥や竹をとったりされていたので、修陵にあたって垣根をひきまわし、そうしたことを禁じたのである。

ところが、文久の修陵のときに神武天皇陵は三ヵ所の塚のうちどれなのか、意見がわかれて決められなかった。そのため、孝明天皇の勅裁《ちょくさい》を仰いで神武田のあるミサンザイに治定し、文久三年五月に修陵を開始、一万五千両余を費やして同年十二月に落成、翌年の元

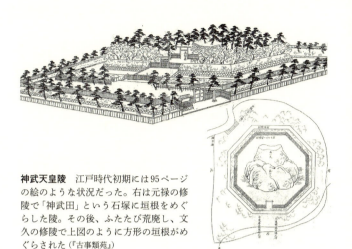

治元年（一八六四）五月八日に勅使が派遣されて国家の安泰と攘夷貫徹の祈願がなされた。この神武天皇陵の修陵の功績によって将軍家茂は従一位の公卿の位階を叙せられ、山陵奉行の戸田忠至は従五位下大和守となり一万石以上の大名格をあたえられた。

　前ページの図は明治時代に編まれた『古事類苑』にある神武天皇陵で、元禄の『諸陵周垣成就記』と『文久山陵図』をもとに、それぞれの修陵後のようすが描かれている。文久の修陵にあたって兆域（陵墓の区域）をきっちりと四角形に区画し、周囲に濠《ほり》をめぐらせた。内部にあった祠のたぐいは排除し、石塚の神武田は神聖なものとしてそのまま残されている。そこは「万世一系の皇統をいただく国体」の原点として明治以降も修陵が続き、明治二十三年（一八九〇）に神武天皇・皇后を祭神とする橿原神宮《かしはらじんぐう》が創建された。

　また、明治五年には『日本書紀』に記された干支と歴代天皇の在位年数などに基づいて神武天皇即位の年を算定して二千五百三十一年前とし、翌年、紀元節《きげんせつ》（現在の建国記念の日）を定めた。『日本書紀』では「春正月の朔（一月一日）」なのだが、新暦によって二月十一日を紀元節とする。「大日本帝国ハ万世一系ノ天皇之ヲ統治ス」という大日本帝国憲法が公布されたのも明治二十二年の紀元節の日であった。

## 孝明天皇の崩御と山陵の復活

**橿原神宮と畝傍山**　（まりーな／PIXTA）

慶応二年（一八六六）七月二十日、将軍家茂《いえもち》が二十一歳の若さで病没すると、第十五代将軍に一橋家の徳《とく》川慶喜《がわよしのぶ》（一八三七〜一九一三年）がついた。家茂が第二次長州征伐のために大坂城に滞在中の出来事で、それにより長州征伐は中止され、同盟をむすんだ薩摩・長州が勢いを増す。

同年十二月、孝明天皇が三十六歳で崩じた。暗殺説もある急死だが、昔は多かった疱瘡《ほうそう》による病死である。『孝明天皇紀』によれば十二月十六日に重い疱瘡を患い、翌日、七社七寺をはじめ諸社・諸寺で祈禱。医師らの手当もむなしく病状は悪化の一途をたどった。二十一日に将軍慶喜、京都守護職松平容保らが参内して見舞うが、いよいよ重篤となり、二十七日に睦《むつ》仁《ひと》親王（明治天皇）への践祚《せんそ》を内定。「御大便度々《たびたび》御通し（中略）召上《めしあが》り物御不食　何共恐《なにともおそれ》入候《いりそうろう》御様子《ごようす》」となり、二十九日に崩じた。以上の日付は『孝明天皇紀』によるもので、実際には十二月二十五日亥半刻《いのはんこく》（午後十一時頃）の崩御だった。そのあとも「御重態」ということにし、二十九日の崩御として翌年一月九日に睦仁親王が践祚したのである。

翌十日、清涼殿で孝明天皇の入棺の儀と通夜が行われた。それに先立ち清涼殿の一室で遺体を棺にいれ、抹香・樟脳・粉炭などを充塡してしっかり蓋をした。申《さる》の刻（午後四時頃）、泉涌寺の僧が参内し、枕火等をかかげて棺を清涼殿にもうけた槨《かく》（棺を納める箱）に納め、読経・回向して通夜を行った。『明治天皇紀』に「素服《そふく》（染色していない布の礼服）の公卿・殿上人交替通夜して御棺を守護したてまつる」という。

しかし、山陵奉行の戸田忠至は、従来の茶毘式《だびしき》を廃止して古式に復し、山陵を築くことを建言した。そのため、埋葬のしかたが定まらず、葬儀はさらに十数日後になった。その上申書が『孝明天皇紀』にある。のちの神仏分離につながる内容なので左に引用する。

今般、御陵御制造の儀、取調《とりしらべ》進達《しんたつ》仕《つかまつ》り候様《そうろうよう》、広橋大納言殿《ひろはしだいなごんどの》（広橋胤保）ヨリ仰《おおせ》出《いだ》さる。中古、仏法渡来已後《いご》、制造の形様モ変革仕り、遂《つい》ニ上古淳朴の風《ふう》、刻薄残忍《こくはくざんにん》ニ相化《あいか》シ、持統天皇に始め奉《たてまつ》りて御茶毘の事、世々御常例ト相成《あいな》り、恐れ乍《なが》ら万乗《ばんじょう》（天子）の玉体ヲ一旦灰燼《いったんかいじん》ニ委《まか》せ奉り、九輪石の御塔、御表《おんおもて》ト仕り候儀《ぎ》、数百年来の御定制《ごじょうせい》ト相成り、遷延《せんえん》（ずるずる延びて）今日に至り候段《だん》、恐懼悲嘆《きょうくひたん》の至り、有志の輩同、一揆《いっき》ニ（同志とともに）御座候《ござそうろう》ところ、後光明天皇御新喪御時ヨリ御火葬廃され候へども、その後、御代々様葬、御龕前堂《おんがんぜんどう》へ入御《にゅうぎょ》、御式なされ、済夫《さいふ》ヨリ山頭堂（茶毘所）ニテ御茶毘の御作法これ有り。此《こ》の所ヨリ御廟所マテハ寺門僧徒ども御密行《おんみつぎょう》と称し奉り、御表面ハ御火葬、御内実ハ御埋葬ト申し候儀ニ存じ奉り候。（中略）勿体《もったい》なくモ一天万乗の大君トシテ表裏不合の御礼節これ有る儀ニテハ四海臨御《しかいりんぎょ》（世界に君臨する）の御体裁ニ於《お》テ恐れ乍ら御瑕瑾《ごかきん》（きず）ニモ渡さるべき歟《か》ト痛哭《つうこく》奉り候。（中略）断然内外一致の御埋葬の御礼儀ニ復され、右御茶毘無実の御規式一切御廃止ニ相成り候様仕り度《た》く存じ候。将亦《まさにまた》、名分《みょうぶん》国体ハ天下人心の向背ニ関係仕り候儀、右早々御英断これ有り、臣子忠孝の標準、御教誨御座なく候テハ御陵の儀、取調出来かね候ニ付き、微衷《びちゅう》申し上げ候。此《こ》の段、伺い奉り候。已上《いじょう》。

（原文を読み下して句読点を付し、漢字の一部はひらがなに改めた）

この文書の内容を要約すると、以下のとおりである。

仏法伝来以後、上古淳朴の習わしが失われ、この数百年は玉体を灰にして九輪塔をたてるようになったのは恐懼悲嘆の至りである。後光明天皇から火葬は廃されたけれども、その後も山頭堂（荼毘所の葬場殿）で荼毘の作法が行われている。山頭堂から廟所までは僧たちが密行と称して、表面は火葬、内実は埋葬と称している。このような表裏不合の葬礼では四海臨御の皇室の傷にもなると痛哭する。名分国体は天下人心の向背にかかわることなので、元来の埋葬に戻してほしい。

このように訴えた戸田忠至ら山陵復古の「有志の輩同」は、孝明天皇の陵を泉涌寺山内から分離することもめざし、吉田山（神楽岡／京都市左京区）または天智《てんじ》天皇の山科陵《やましな》（御廟《ごびょう》野《の》古墳／京都市山科区）の付近を選ぶべきだと主張した。

吉田山は京都盆地北部に独立してこんもりと目立つ山で、桓武天皇が平安京をつくるときに区画の基点のひとつにし、王城の鎮護を祈ったという。ふもとの吉田神社は江戸時代には全国に一郷一社あたりあった鎮守社の神職の任免権をもっていた。

天智天皇（中大兄皇子）は古代豪族の蘇我《そが》氏を滅ぼして大化の改新（六四五年）を行った天皇で、桓武天皇につながる皇統の祖である。

いずれにせよ、桓武天皇につながるところを陵所に選ぶべきだという意見は、第一章で述べたように、明治天皇陵が伏見桃山につくられる理由のひとつにもなったと思われる。

しかし、泉涌寺から離れたところに孝明天皇の陵をつくる計画には当然、泉涌寺をはじめ諸寺から猛反発があり、宮中にも働きかけて反対運動を行った（武田『維新期天皇祭祀の研究』)。しかも、正月の後七日御修法《ごしちにちのみしほ》や御黒戸《おくろど》(御所の仏間)で歴代天皇の供養が行われるなど、仏事は引き続き重視されていた。葬儀は皇室の菩提寺である泉涌寺に委ねるほかに手段はない。

また、孝明天皇の后だった英照《えいしょう》皇太后が、歴代の天皇陵から離れたところにひとり先帝だけを埋葬するのはしのびず、泉涌寺を離れるとじゅうぶんに供養ができないので従来どおり泉涌寺山内に陵をつくることを望んだ。

その結果、それまでの月輪陵・後月輪陵とは少し離して背後の山中に孝明天皇陵がつくられることになった。後月輪東山陵という。

孝明天皇の葬儀は、崩御からほぼ一ヵ月も遅れて慶応三年(一八六七)一月二十七日の夜から翌日にかけて営まれた。棺を乗せた御車は酉の刻(午後六時頃)に御所を出立、皇族・公卿らのほか将軍徳川慶喜、京都守護職松平容保ら多数が供奉して、亥半刻《いのはんこく》(午後十一時頃)に泉涌寺についた。

そこまではほぼ従来どおりなのだが、棺を龕前堂《がんぜんどう》(龕堂《がんどう》)の仏前に移すことはなく、御車に乗せたまま御車舎という建物で葬儀の法要が営まれた。その後、従来なら土葬でも火葬にみたてた儀式が執り行われ、僧たちが棺を陵所に運んで埋葬したのだが、孝明天皇のときは火葬の儀が廃止された。棺は山頭で輿に乗せかえて、僧ではなく御所衛士《えじ》と戸田忠至が手配した人夫がかつぎ、戸田忠至が先導して陵所にのぼり、地中の石槨《せっかく》に棺を納めた。

石槨の大きさは縦一丈二尺九寸（三・九メートル）、幅九尺五寸二分（二・九メートル）、深さ九尺五寸一分、石の厚み一尺だった（藤井『天皇と御陵を知る事典』）。二十八日の明け方、石槨に割石と土をつめて石蓋をし、さらに土をかぶせて円丘を築き、表面には白砂を敷いた。その後も築陵は続くので埋葬に際しては陵頂に方四間の御須屋《みすや》（陵墓の頂部をおおう仮小屋）を建て、正面に鳥居をもうけて拝所とした。

『泉涌寺史』には「僧侶たちが香華《こうげ》・読経を行ない、ついで大納言柳原光愛《やなぎはらみつなる》をはじめとする公家・山陵奉行戸田忠至以下の武家が香華・奉拝されて退出された。こうして孝明天皇御葬送の儀は、無事終了した。時に翌日（一月二十八日）申《さる》の刻（午後四時）になっていた」という。

これが天皇の仏式の葬儀の最後になった。また、このときに墳丘型の山陵が復活し、明治天皇陵の先触れになったのだった。

第七章

# 近代国家の天皇

## 象徴への道

**稲刈りを見る明治天皇**　明治元年(1868)9月27日、東幸の途上、尾張で農民の収穫のようすを見る。明治以後、天皇はこのように民衆の前に姿を現すようになった(『明治天皇御紀附図稿本』宮内庁宮内公文書館蔵：以下同)

## 王政復古の大号令

幕末の孝明天皇のときに古墳のような陵が復活したのだが、葬儀はまだ泉涌寺での仏式で行われた。明治天皇の葬儀は神仏分離によって神道式で営まれるが、それは西欧の王室の儀式を採り入れた新しい形になった。神道の古式と文明開化の洋風が混在した明治天皇の葬儀は、まさに近代日本の歩みを象徴する出来事になった。この章では、近代の国家と神道の関係も含めて幕末からの動きを追う。

慶応二年（一八六六）夏、十四代将軍家茂《いえもち》が病没したあと、第十五代慶喜《よしのぶ》が将軍職を承継。その年の暮れには孝明天皇が崩じ、翌年一月、明治天皇（一八五二〜一九一二年）が践《せん》祚《そ》した。それは前述の『文久山陵図』が完成したころで、世界に植民地をひろげる欧米諸国の進出と内戦の危機のなかで開国派・攘夷派を問わず国家のアイデンティティが「復古」にもとめられていた。

慶応三年十月三日、前土佐藩主の山内豊信《やまうちとよしげ》（容堂《ようどう》）が慶喜に大政奉還をすすめた。その建白書に「公明正大之道理ニ帰シ天下万民ト共ニ皇国数百年之国体ヲ一変シ至誠ヲ以テ万国ニ接シ王制復古之業ヲ建テサルヘカラサル」という。鎌倉幕府から数百年の武家政権から王制（王政）に復古することが「公明正大の道理」であり、それによって天下万民を統合して外国にも処することができる。そして、有力大名による会議をおこせば、慶喜が上首になるはずだった。

　同月十三日、慶喜は十万石以上の在京の大名の重臣を二条城に召集して「大政返上」を表明。翌日、武家伝奏《ぶけてんそう》（幕府の意向をとりつぐ朝廷の役職）を通して大政奉還を奏上する。

　臣慶喜謹《つつしみ》テ皇国時運之沿革ヲ考候《かんがえそうろう》ニ（中略）旧習ヲ改メ政権ヲ朝廷ニ奉帰《かえしたてまつり》広ク天下之公議ヲ尽《つく》シ聖断ヲ仰キ同心協力共ニ皇国ヲ保護仕候得《つかまつりそうらえ》ハ必ス海外万国ト可並立候《ならびたつべくそうろう》（中略）此段《このだん》謹《つつしみ》テ奏聞《そうもん》仕候《つかまつりそうろう》以上

　この奏上に「聖断」は下り、十五日の詔《みことのり》で裁可された。ところが、同時に慶喜追討の策謀が動いていた。『明治天皇紀』に「十三日　前権大納言中山忠能《なかやまただやす》、前左近衛権中将岩《いわ》倉具視《くらともみ》と謀《はか》り、密勅《みっちょく》を萩（長州）藩主毛利《もうり》敬親《たかちか》及び世子広封《ひろあつ》（元徳《もとのり》）に下し、其《そ》の官位を復し、之れをして王事に勤めしむる（天皇に仕える）の命を伝ふ」「十四日　密勅を鹿児島・萩二藩に賜ひ、征夷大将軍徳川慶喜を討伐せしめたまふ」と記されている。

　ときに明治天皇は数え十六歳にすぎず、父の孝明天皇の急死によっていきなり践祚して即位の礼もまだなされていない段階である。その「聖断」や「密勅」がうごめいて二ヵ月近くたった十二月八日、岩倉具視が尾張・福井・薩摩・広島・高知五藩の重臣を御所に集めて王政復古の同意をもとめ、いきなり実行した。

十二月九日、「王政復古の大号令」が「被仰出《おおせいだされ》候《そうろう》事《こと》（天皇がおっしゃったこと）」として小御所《こごしょ》（謁見の間）に召集した諸大名に布告された。

「王政復古」は「諸事　神武創業之始《はじめ》ニ原《もとづ》キ」、江戸幕府などを廃して旧弊を「御一洗」し、皇国を創建した神武天皇の原初に戻るというのだが、まだ律令もなく神話の域を出ていない神武天皇の時代に国家の形として参考になることはない。しかし、みずから軍勢を率いて東征したという神武天皇は、軍を統帥する大元帥としての天皇の原点になった。

新政府の政体としては、新しく総裁・議定《ぎじょう》・参与の三職がおかれた。総裁には世襲親王家の有栖川宮《ありすがわのみや》熾仁《たるひと》親王をいただき、議定には仁和寺宮《にんなじのみや》（小松宮《こまつのみや》）彰仁《あきひと》（嘉彰《よしあきら》）親王、公家の中山忠能（明治天皇の外祖父）、松平《まつだいら》慶永《よしなが》（春嶽《しゅんがく》／前福井藩主）・島津《しまづ》茂久《もちひさ》（薩摩藩主）・徳川《とくがわ》慶勝《よしかつ》（前尾張藩主）ら十名、参与は岩倉具視ら二十名で、西郷《さいごう》隆盛《たかもり》と大久保《おおくぼ》利通《としみち》も参与になった。

## 鳥羽・伏見の戦い

あくる慶応四年（一八六八）一月三日、鳥羽・伏見で新政府の薩摩・長州軍と幕府軍の戦端がひらかれた。その年の干支から戊《ぼ》辰《しん》戦争とよばれる内戦の始まりである。新政府側に勝利の見通しはなく、幕府軍が京都に攻め込んできたときは天皇を女装させて輿に乗せ、山陰・山陽方面に逃れる準備がされた。それを見た公卿たちが驚愕して宮中騒然とするなか、議定の松平春嶽らが「鳳輦《ほうれん》（天子の乗物）一《ひと》たび動かば、則《すなわ》ち天下の大事全く去らん」（『明治天皇紀』）と騒ぎをしずめた。

**錦の御旗を掲げた討幕軍**　錦の御旗は当初、南北朝時代に後醍醐天皇方が用いた赤地に金の日輪、「天照皇太神」の神号を書いたものなどが用いられ、戊辰戦争のときに菊の御紋が使われるようになった。上図は明治元年2月15日、征東大総督有栖川宮熾仁親王が京都御所前から進発するところ（『明治天皇御紀附図稿本』）

同日夜半、議定の仁和寺宮彰仁親王を軍事総裁とし、翌日、征討大将軍に任じて錦《きん》旗《き》・節刀《せっとう》を授けた。

節刀は古代に蝦夷《えみし》や隼人《はやと》の平定に出征する将軍や遣唐使に天皇のしるしとして授けられた剣だ。「海行かば水漬《みず》く屍《かばね》　山行かば草生《む》す屍」（『万葉集』）とうたった奈良時代の武人、大伴家持《おおとものやかもち》も征夷大将軍に任じられて節刀をたまわった。その後、平安時代に節刀の授与は行われなくなったが、討幕の戦いで千年ぶりに復活したのである。

錦旗は、いわゆる錦の御旗である。彰仁

親王は錦旗を翻《ひるがえ》して本営がおかれた東寺に御所から出陣した。錦の御旗が民衆の前にあらわれた最初である。それは岩倉具視・大久保利通らが急遽つくったものだったが、『明治天皇紀』は「官賊（官軍・賊軍）の名義曩《さき》に既に判然たり、今復《いままた》錦旗の出《い》づるを見て諸藩風を望みて帰服し、官軍大《おおい》に振《ふる》ふ」と錦の御旗の効果の大きかったことを記している。

鳥羽・伏見の戦いで新政府軍は幕府軍を破り、六日に慶喜は大坂を脱出して海路で江戸に向かった。翌日、新政府は慶喜追討令を出した。しかし、関東の幕府側の勢力が慶喜のもとに結束すれば形勢逆転のおそれが大きい。そこで新政府は天皇親征を天下に宣布する方針を立てた。親征とは天皇みずから軍を率いて出征することだが、まず大坂に行幸して関東の情勢をみることとし、東征大将軍と海軍大総督に二人の親王を任じて遠征させることにした。それに先立ち、三月十四日に「五箇条の御誓文」の宣誓が行われた。

### 五箇条の御誓文

一　広ク会議ヲ興シ万機《ばんき》公論《こうろん》ニ決スベシ

一　上下心ヲ一ニシテ盛《さかん》ニ経綸《けいりん》ヲ行フベシ

一　官武《かんぶ》一途《いっと》庶民ニ至ル迄《まで》各《おのおの》其《その》志《こころざし》ヲ遂ケ人心ヲシテ倦《うま》ザラシメン事ヲ要ス

一　旧来ノ陋習《ろうしゅう》ヲ破リ天地ノ公道ニ基クベシ
一　智識ヲ世界ニ求メ大ニ皇基ヲ振起《しんき》スベシ

**五箇条の誓い**　神座（祭壇）を前に明治天皇と公卿・諸侯らが五箇条の誓いを立てた。右側が明治天皇（『明治天皇御紀附図稿本』）

この「御誓文」は国民に誓ったということではない。天皇が公家・大名とともに、日本古来の神々に誓ったのである。『明治天皇紀』には「天皇紫《し》宸殿《しんでん》に御し、公卿・諸侯以下百官を率ゐて親《みずか》ら天神地祇を祀り、国是《こくぜ》五箇条を誓ひたまふ」という。さらに公卿・諸侯らが一人ずつ神座《しんざ》（祭壇）に進んで礼拝し、「勅意宏遠　誠《まことにもつ》以テ感銘ニ不堪《たえず》今日ノ急務永世之基礎此他《このほか》ニ出可《いずべか》ラス臣等《しんら》謹《つつしみ》テ　叡旨《えいし》ヲ奉戴《ほうたい》シ死ヲ誓ヒ黽勉《びんべん》従事　冀《こいねがわ》クハ以テ　宸襟《しんきん》（天皇の心）ヲ安シ奉ラン」という誓紙に署名したのだった。

第一条にいう「会議」や「公論」は公家や諸侯による会議で議論するということで、前掲の徳川慶喜の大政奉還の奏上にもあるように維新期によく使われた語である。問題は、それまでの攘夷から開国へ一転した第五条の「智識ヲ世界ニ求メ」だった。

すでに孝明天皇の代の慶応元年（一八六五）に諸外国との通商条約が勅許され、新政府も各国公使を御所に招いて幕府が結んだ条約の遵守を約していた。しかし、攘夷を大義として戦った武士や国学者はもちろん、公家の多くが、なお開国に強く反発していた。それに対して新政府参与で外国事務取調掛の東久世《ひがしくぜ》通禧《みちとみ》は、外国との条約を破棄すれば戦争になって京都にも攻め込まれかねないと説得した。

もはや異国船打ち払いが不可能となるなかで、欧米の技術や兵法をとりいれて国力を養い、外国に負けない日本にするという考え方を「大攘夷」という。それによって「大ニ皇基ヲ振起」することが国是となった。

**親征の開始**

二月九日、新政府総裁の有栖川宮熾仁親王を征東大総督とし、錦旗《きんき》奉行《ぶぎょう》および錦旗守護隊、奥羽鎮撫総督、海軍総督などを任じる。

三月六日、東海・東山・北陸三道から進撃する軍に、来たる十五日を期して江戸城への進撃を命じる。同月十三日・十四日の両日、東征軍参謀西郷隆盛が江戸高輪の薩摩藩邸で幕臣の勝海舟と会談し、江戸城明け渡しを決する。徳川慶喜は水戸に退去することになる。

こうして大勢が決したのち、大坂への天皇親征の運びになった。そうした出陣に際して神仏に戦勝を祈願することは古代から現代まで変わらない。明治天皇は三月二十一日、内《ない》侍所《しどころ》（神鏡）を奉じて大坂行幸に出発。その途次、石清水八幡宮《いわしみずはちまんぐう》（京都府八幡市）に一泊し、賊徒平定を祈る。

三月二十三日、大坂行在所《あんざいしょ》の西本願寺別院につく。その後、天保山軍港の海軍を視察したり大坂城で諸藩の兵の訓練を見たりし、閏四月八日に京都に戻る。翌日、紫宸殿に軍神をまつり、凱旋を報じる。

これが明治天皇の親征の最初で、京都から出て民衆や陸海軍の兵の前に姿を現した最初の出来事だった。ちなみに同年閏四月に布告された「政体書《せいたいしょ》」で「大阪府」を設置。「大坂」から「大阪」に表記を改めた。

七月十七日、天皇が江戸にうつり、江戸を「東京」と改める詔を発する。

江戸ハ東国第一ノ大鎮《だいちん》四方輻湊《ふくそう》ノ地（四方から人や物資が集まる大都市である）宜《よろ》シク親臨以《もっ》テ其《その》政《まつりごと》ヲ視ルヘシ　因《よっ》テ自今《じこん》江戸ヲ称シテ東京トセン　是朕《これちん》ノ海内《かいだい》一家東西同視スル所以《ゆえん》ナリ　衆庶此《この》意ヲ体セヨ

江戸を西の京とならぶ東の京とする。それは海内（日本全国）を一家とし東西を同視するためだということである。

ところで、大久保利通や岩倉具視ら維新の主導者にとって、遷都の目的は天皇を京都から引き離すことだった。何かと先例を重んじる守旧勢力の公家たちが取り巻く京都御所に天皇がいては改革が進まないからだ。そこで当初は大阪への遷都を建議したが、大阪は京都に近すぎる。そのため、まだ戦乱が続いて治安の懸念があっても、江戸のほうがよいということになった。ただし、京都もまだ都だという意味をこめて、遷都ではなく奠都《てんと》といった。その東京奠都の前に、京都御所で即位の礼が行われた。

## 即位と改元

践祚から一年以上たっても明治天皇の即位礼は挙行されていなかった。新政府の政務多端や戊辰戦争の混乱に加え、一新すべき礼式が定まらないためだった。

天皇の即位礼は、江戸時代には服装が唐風で、仏教の即位灌頂も行われていた。それを改めて王政復古にふさわしく「古礼に則り、新儀を加ふること」つまり伝統的かつ新しい形が求められた。そこで新政府の太政官輔相《ほそう》（首班）の岩倉具視は「古来の典儀は多く唐制を模倣せるものなり（中略）庶政亦《また》一新の時なるを以《もっ》て、宜《よろ》しく之れを更改して皇国神《しん》裔《えい》継承の規範を樹《た》つべきなり」と神祇官副知事亀井茲監《かめいこれみ》に命じて新しい登壇の式儀（即位礼）を策定させた。

八月二十七日、紫宸殿に高御座《たかみくら》（特別の儀式のときの天皇の玉座）を設けて即位礼を行う。

**明治天皇の即位礼**　慶応4年（明治元年）、紫宸殿に高御座を設け、復古の和風で行われた（『明治天皇御紀附図稿本』）

それまでの唐服を平安時代の束帯に改めたほか、藤原京のころから中国の皇帝の即位式にならって行われてきた四方拝（東西南北の四神への礼拝）や仏教の即位灌頂を取りやめるいっぽう、新時代の儀式にふさわしく直径約一メートルの大きな地球儀がおかれた。また、公家だけでなく武士たちも列し、皇祖天照大神や平安宮に御宇を開いた倭根子天皇《やまとねこのすめらみこと》（桓武天皇）などの皇統をひきつぐ現神《あきつみかみ》として即位の宣命《せんみょう》が読み上げられた。

この即位礼の翌日、天皇の東幸を九月中旬とし、東海道を下ることを布告。

九月八日、慶応四年を明治元年と改元し、一世一元とした。中国古典の『易経』にある「聖人南面して天下を聴き明に嚮《むか》いて治む」から二字をとった元号である。天子は北極星のように北に位置し、南に向かって天下を明るく治めるという意味だ。

## 天皇、東海道をゆく

新元号になった明治元年（一八六八）九月二十日辰《たつ》の刻（午前八時頃）、天皇が乗る鳳輦《ほうれん》（輿）が京都御所を出て東幸に出発した。神器を納める内侍所の警護の兵など、供奉の者は三千三百余人。江戸時代最大の加賀百万石の大名行列に匹敵する規模の行列が仕立てられた。そのうえ、大名行列は通過するところが他の藩領や幕府領だったのに対し、天皇の行列は天下の四民への示威になるとともに庶民が天皇を間近に見たり、天皇が庶民の暮らしぶりを見る機会になった。そのため行列は東海道をゆっくりと進み、普通は二週間ほどの約五百キロの旅程を一ヵ月近くかけた。

九月二十七日、尾張で熱田神宮を親拝。同日午後、田圃のそばに行列を停めて天皇が稲の収穫のようすを見る。この年は長雨で稔りが少なかった。まだ少年の天皇に農民の労苦を教えるように、尾張藩主の徳川徳成《ながなり》が「かりし穂のすくなきみれはあはれなり　大《おお》みたから（農民）の心やいかに」という歌を詠んだ。

十月四日、大井川の西側の金谷《かなや》（静岡県島田市）で行列を停め、富士山を見る。

十月八日、箱根越えのため三島を早暁寅《とら》の半刻（午前五時頃）に発つ。天皇が芦ノ湖で猟銃を見たいと望んだので、鴨を鉄砲で撃つ。

十月九日、大磯（神奈川県大磯町）の海岸で岩の上の鳥の群れを的にした鉄砲の実射や地引き網漁を見る。

こうして行列は十月十二日に品川宿に到着。翌日、江戸城に入城することになった。十月十三日卯《う》の半刻（午前七時頃）、天皇の行列が品川から江戸城に進発した。先頭を儀仗《ぎじょう》の雅楽隊が進み、供奉の諸侯らは衣冠帯剣の礼装である。芝の増上寺《ぞうじょうじ》で小休止ののち、午《うま》の半刻（午後一時頃）同寺を発ち、新橋・京橋・呉服橋見附をぐるっと回って未《ひつじ》の半刻（午後三時頃）に和田倉門から江戸城西の丸の大手門に入った。江戸城は「東京城」と名を改め、西の丸が皇居とされた。

「是の日　鹵簿《ろぼ》（天子の行列）の通過するや人民粛《しゅく》として容を正し拝観する者幾千万なるを知らず、皆感泣して曰《いわ》く、図《はか》らざりき（思いもしないことに）、今日一天万乗《いってんばんじょう》の尊厳を仰ぎたてまつらんとは」と『明治天皇紀』にいう。参勤交代の大名行列に慣れた江戸の町人も、天皇の行列の威儀には非常に驚いたのだった。

十月十六日、十七日、征東大総督麾下《きか》の官吏、供奉の徴兵、諸藩の兵に酒肴《しゅこう》を与え、二十七日には「東京市中一同」に祝酒を賜わることにした。維新政府は財政逼迫に苦心していたが、天皇の威信を高めるためには費用を惜しんではいられない。東幸の総経費は七十七万八千七百六十円八十九銭にのぼった。

それほどの巨費を投じて天子の大行列を演じ、徳川家康以来の将軍の居城である江戸城を皇居に改めたのは、イギリスやプロイセン（ドイツ）など西欧の君主国にならって中央集権の国民国家をつくるためだった。諸藩の区分をやめる版籍奉還《はんせきほうかん》も維新の早い時期から計画されたが、抵抗が大きく、実施は翌年六月になる。さらに、全国を府県・郡市の行政区分に改める廃藩置県《はいはんちけん》は明治四年（一八七一）七月になる。

ともあれ、明治元年の東幸は沿道や東京の民衆に大きな衝撃を与えて終わり、同年十二月二十二日、天皇は京都に戻った。帰洛の翌日には孝明天皇の三回忌を営み、二十八日には一条《いちじょう》美子《はるこ》（一八四九〜一九一四年）が入内《じゅだい》し、皇后になる。

翌年正月十八日、東京再幸を決定。京都では反対が多かったので再幸は遷都ではないと告示したうえ三月七日に出発した。

二度目の東幸の道筋は同じく東海道だったが、前回は桑名で遥拝するだけだった伊勢神宮に立ち寄り、親拝した。伊勢神宮に御神体としてまつられている八咫鏡《やたのかがみ》は、天孫降臨のときに天照大神から邇邇芸命《ににぎのみこと》に授けられた神鏡だという。古代には未婚の皇女が斎宮《いつきのみや》として仕えた特別の神社だが、天皇みずから参詣することはなかった。史料に明らかなのは明治天皇が最初である。

## 神仏分離と廃仏毀釈

まだ明治と改元する以前の慶応四年三月十七日、新政府の神祇事務局より「諸社へ達す」として、王政復古の大号令により旧弊を御一新されたので、社僧《しやそう》（神社の僧）などは還俗させよと命じた。この布告が神仏分離令（神仏判然令）の最初である。

江戸時代の多くの神社は寺院と一体化して、神社に仏像がまつられていたり、僧が神前で読経したりするのが普通だった。そうした神仏混淆《こんこう》を旧弊として、神と仏を判然と分離せよというわけだ。

以後、次々に同様の布告が出されるが、同年十一月二日には「神仏混淆致さぬ様、先に達して御布令之《これあ》有り候得《そうらえ》ども、破仏《はぶつ》の御趣意ニハ決して之無き」と、いきすぎた廃仏毀釈《はいぶつきしやく》を戒めている。

廃仏毀釈とは仏教排斥運動のことで、仏像の破壊や経巻の破棄が各地で暴動的に行われた。寺院の被害も大きかったが、むしろ神社に大きな被害をもたらした。その最初とされる比叡山日吉《ひよし》大社（山王権現《さんのうごんげん》）の例では、四月一日、同神社の社司が神職や付近の農民らを率いて仏像・経巻・仏具などを焼き捨てた。

廃仏毀釈によって、とりわけ壊滅的な打撃をうけたのは、越中立山《えっちゅうたてやま》、木曾御岳《きそおんたけ》など、修験の霊場だった。それらは神仏分離してはありえない民衆信仰の山々だったが、政府が進めた古代神話への回帰に抗することができずに潰滅状態になった。

世界文化遺産の富士山も、山の神の浅間大神《あさまのおおかみ》の本体は大日如来であり、山頂に阿弥陀如来が来迎するといわれたことから「南無阿弥陀仏」の念仏や「六根清浄《ろっこんしょうじょう》」の懺悔文《さんげもん》をとなえながら登山した。ゆえに「文化遺産」なのだが、今の登山口にある浅間《せんげん》神社はほぼ完全に寺院と分離されている。

神仏分離と廃仏毀釈は伝統文化に大きな断絶を生んだ。維新期の人物を生き生きと語った作家の司馬遼太郎が「明治国家初期の最大の失政」(『明治という国家』)と評する所以であるが、それは神祇官《じんぎかん》が過激な国学信奉者に占拠されたことによるところが大きい。

**神祇官の復興**

神祇官は神仏分離の布告を出した神祇事務局を拡充し、慶応四年閏四月の「政体書」で設置された官庁である。「政体書」では太政官《だじょうかん》(首班は輔相《ほそう》二名)の下におかれた。ところが、明治二年の職員令《しょくいんれい》によって大宝律令にならう官制に改めて二官六省がおかれたとき、神祇官は太政官と並立する最高官庁と位置づけられた。いっぽう、太政官は天皇を補佐する行政のトップ官庁で、その下に民部・大蔵・兵部《ひょうぶ》・宮内《くない》・外務・工部の六省をおく。その古風な名称から古代の王朝が復活したかの印象を受けるが、内容は幕藩体制に代わる近代国家の官制だった。王政復古の祭政一致を掲げても、祭祀と実際の行政は別である。

その後、明治四年に神祇官はふたたび太政官の下の神祇省に降格したうえ、翌年には廃止。国家の祭祀は宮内省の一部局の式部寮《しきぶりょう》に移管され、国民教化のためには仏教も儒教も採り入れた教部省《きょうぶしょう》が設置された。この神祇関係のめまぐるしい動きについて小倉慈司・山口輝臣『天皇と宗教』では「学者による統治」のためだったとして次のように述べている。

祭政一致と神祇官へと向けた任務を担当したのは、主として新たに政府へ登用された国学者たちであった。（中略）国学などの影響を受けた公家と武家に加え、国学者が自ら政策立案に携わり、ときにはかれらの案がそのまま政府の政策になるといった事態が発生する。それはいわば学者による統治であった。維新期の祭政一致にまつわる諸施策が、どこか急進的で原理的で机上的で、要するにブッキッシュ（教科書的）に見えるのは、担い手がしからしめたものだった。

当時の国学者たちの心の風景がどのようなものだったかは、先に引用した孝明天皇の葬儀のときの山陵奉行戸田忠至《とだただゆき》の建言（一〇〇ページ）からも察せられよう。戸田忠至は同志とともに孝明天皇陵を泉涌寺から完全に引き離すことをもくろんだが、そうはいかなかった。祭政一致をかかげる新政府に登用された国学の原理主義者たちが、かねての思いを実現しようとしたのも当然だろう。それがいきすぎたので、軌道修正をめぐる動きが神祇官の改変だった。『天皇と宗教』には次のようにいう。

神祇官に結集した国学者らによる施策、すなわち祭政一致の高唱、神仏分離、神社の優遇、キリスト教の敵視などを、誤っているとか、やり過ぎであると考えた政治家が、方向転換を図ったのである。藩閥政治家の主流派、木戸孝允《きどたかよし》・大久保利通・大隈《おおくま》重信《しげのぶ》・伊藤博文《いとうひろぶみ》らはほとんどそう考えるようになる。木戸は言う。神祇関係の連中は、それだけに従事しているので暇なのに対し、政府はそのあたりに目を注ぐ暇もなく、知らぬ間に布告などが出て困却している、と。かれらにしてみれば、神祇官を再興したこと自体が誤りだった。

しかし、神道の国教化はさまざまな省や部局が関与して強力に進められていった。明治二年には江戸城馬場先門内にあった神祇官の建物に常設の神殿がつくられる。ひとつは歴代天皇・皇后の霊をまつる神殿である。次に天皇守護の八神（神産日神《かみむすびのかみ》・高御産日神《たかみむすびのかみ》など）の神殿、そして天神地祇をまつる神殿である。これが官庁内に設置された神殿の最初で、現在の皇居にもある宮中三殿（賢所《かしこどころ》・皇霊殿・神殿）のもとになった。

## 近代社格制度の始まり

明治四年四月、政府は全国の神社を官社《かんしゃ》と諸社《しょしゃ》の二種に分けて整理し、近代社格制度とよばれる格付けを行った。官社は平安時代の『延喜式神名帳《えんぎしきじんみょうちょう》』にあるなどの由緒ある神社で、それも重要度によって官幣社《かんぺいしゃ》と国幣社《こくへいしゃ》に分け、それぞれ大社・中社・小社の社格をつけた。官幣社は中央の神祇官が奉幣《ほうへい》、国幣社は地方官（府県）が奉幣する神社だ。奉幣とは供物をささげることだが、社格に応じて一定の金額を支給したのである。

諸社は府県社と郷社と村社に格分けし、それより小さい神社は無格社とする。その社格に応じて公費を支給することにした。

同年七月には「大小神社氏子取調（氏子調《うじこしらべ》／氏子改《うじこあらため》）」を布告。江戸時代の寺請《てらうけ》制度による宗門改《しゅうもんあらため》を廃止して家ごとに一郷一社の氏子とし、子どもが生まれると神社に届けて氏子札をもらうことを義務づけた。その神社が産土社《うぶすなしゃ》（人の一生を守る産土神の社で宮参り・七五三などを行う神社）になった。氏子調は内務省管轄の戸籍制度の実施、キリスト教解禁などにより明治六年には廃止されるが、一郷一社の鎮守として生き続ける。
また、それまで神職は神社ごとに世襲されてきたが、「神社は国家の宗祀にして、一人一家の私すべきにあらず」として世襲を廃止し、郷社以上の神職は官吏として「神官」に任じる任命制とした（明治二十年に神官制度は廃止）。

神社によってさまざまだった祭式の共通化も国家規模で行われた。明治五年には太陽暦の採用により神事も新暦によることとして端午・七夕・重陽など五節供を廃止し、神武天皇即位日（紀元節）と天長節《てんちょうせつ》（天皇誕生日）を祝日とした。先祖供養の墓参りをする春秋の彼岸も、神社では歴代天皇の霊をまつる春季皇霊祭・秋季皇霊祭となった。

明治八年には「神社祭式」を布告し、官国幣社の例祭の祝詞や調度・祭具を統一し、諸社も準ずべきこととした。国家によって統一された祭礼は宮中祭祀にあわせ、各地の神社で遥拝が行われるようになる。

伊勢神宮も様変わりした。伊勢には天照大神をまつる内宮《ないくう》（皇大神宮）と豊受《とようけ》大神をまつる外宮《げくう》（豊受大神宮）がある。祭主は古代の中臣《なかとみ》氏の子孫だという藤波《ふじなみ》家が世襲し、内宮の神職は荒木田《あらきだ》氏、外宮の神職は度会《わたらい》氏が世襲していた。外宮の豊受大神は食べ物や産業の神で、江戸時代の伊勢参りは外宮のほうが中心だった。伊勢の内宮・外宮は密教の金剛《こんごう》界《かい》・胎蔵界《たいぞうかい》の両部曼荼羅《りょうぶまんだら》に対応するという両部神道も外宮から広まった。しかし、神仏分離によって仏教色は除かれ、明治四年の神社改革にともなって皇祖の天照大神をまつる内宮が上位とされる。神職も世襲を廃して任免制に改められた。

さらに翌年一月、神宮を東京に遷座させるべきだという建議が神祇官から出された。三種の神器のうち、天照大神の御神体とされる八咫鏡は伊勢内宮、草薙《くさなぎ》の剣《つるぎ》は尾張の熱田神宮に奉安され、宮中にはそれらの形代《かたしろ》（霊代《たましろ》）と八尺瓊勾玉《やさかにのまがたま》が置かれている。伊勢神宮も熱田神宮も東京に遷《うつ》せば、東京に三種の神器がそろうというわけだったが、これは反対が強くて実現しなかった。伊勢神宮は、近代社格制度において別格とされる。

政府は、その他の神社の統廃合を進めた。明治四十年（一九〇七）には地方の諸社を県や市が指定して幣帛《へいはく》料の供進を行う制度をつくり、一町村一社を目安に無格社の多くを統廃合した。その結果、明治三十九年の調査では十九万三千余りあった神社が明治末年には約十一万社に減少した（薗田稔他編『神道史大辞典』）。

いっぽう、明治以降に創建された神社も多い。開拓地守護の北海道神宮（一八六九年）、忠臣といわれる楠木正成《くすのきまさしげ》をまつる湊川《みなとがわ》神社（一八七二年）、伊勢神宮の東京遥拝所（一八八〇年／現在の東京大神宮）、神武天皇をまつる橿原《かしはら》神宮（一八九〇年）、桓武天皇と孝明天皇をまつる平安神宮（一八九五年）、皇紀二千六百年（一九四〇年）にあたって天智天皇を祭神として創建された近江神宮、各地の招魂社《しょうこんしゃ》（靖国神社・護国神社）などであるが、乃木希典《のぎまれすけ》の乃木神社（一九二三年）、東郷平八郎《とうごうへいはちろう》の東郷神社（一九四〇年）など、いわゆる軍神をまつる神社も増えていった。台北の台湾神宮（一九〇一年）、ソウルの朝鮮神宮（一九一九年）、パラオの南洋神社（一九四〇年）などもつくられた。

このような国家による祭祀について政府は一貫して宗教ではないという解釈をとったが、太平洋戦争の敗戦後の昭和二十年十二月、ＧＨＱ（連合国軍最高司令官総司令部）の神道指令によって「国家神道」と名づけられて排除された。しかし、それを宗教のひとつとして「国家神道」とよぶかどうかは微妙なところである。

## 「宗教」との出会い

「宗教」は明治維新の頃に英語のreligionなどの訳語として使われるようになった言葉である。日本では寺院や神社詣でを「信心」ということはあっても、それを宗教だと意識することはなかった。正月や盆の行事、葬式や墓参りも同じである。

しかし、欧米諸国では「宗教」というものが重視されることに気付くとともに、では日本人にとって「宗教とは何か」が問題になった。

その問題に直面したのが明治四年から六年にかけて欧米諸国を歴訪した岩倉使節団である。岩倉具視以下、木戸孝允・大久保利通・伊藤博文ら首脳陣がまだ揺籃期の新政府を留守にしてまで欧米諸国との親善と視察のために渡航したとき、みなが困惑したのが宗教問題だった。国学・漢学の識者として随行した久米邦武《くめくにたけ》が次のように回想している。

喫煙室に集れば銘々《めいめい》宗教の話しが始まる。（中略）西洋人に逢へば何宗かといふ事を問《とわ》れる、その時どう返答をするか、（中略）サア問れるならば仏教と言はうといふ人が有つた。が仏教信者とはどうも口から出ない。どうも仏教はよく知らないから、アトを聴かれると二の句がつげぬ。仏教は困る、全体西洋は宗教などを信ずるけれど、我々はそんなことは是《これ》まで信じない。（中略）成程《なるほど》国では神道など丶言ふけれど世界に対して神道といふものはまだ成立《なりたた》ない、且《かつ》何一つの経文《きようもん》も無い、（中略）こんな議論で神儒仏共にどれと言ふ事も出来ないから、寧《むし》ろ宗教は無いと言はうといつたところが、西洋行者（洋行した人）がそれは甚《はなは》だ悪るい、西洋で無宗教な人間はどう映ると思ふか、人間と云ふ者は（中略）黙つて置くとどんな悪い事をするか判らぬものとされてゐる、それで宗教を問のである。（中略）無宗教はいけない、段々斯《こ》う云ふ話になつて皆困つた。

（「久米邦武歴史著作集」「神道の話」）

「仏教」も明治時代の新語だ。それまでは仏門・宗門・宗旨などといわれてきたことが、キリスト教と並ぶ宗教のひとつとして「仏教」という言葉でよばれるようになった。それは江戸時代に精緻に発達した宗学（宗門ごとの教学）や欧米の哲学を取り入れた学問的な「仏教」であり、明治政府のリーダーたちさえ「どうも仏教はよく知らない」ということになった。

いっぽう神道は、神社ごとのいわれを伝える伝承や祭りはあっても「何一つの経文も無い」ものだから欧米でいう「宗教」とは認められない。しかし、欧米に学んで国民国家をつくるには何か宗教的なものが必要だということは認識され、全国の神社の整理と祭式の統一が進められたほか、憲法制定にも大きな影響を与えることになる。

### 大日本帝国憲法と天皇

大日本帝国憲法（以下「帝国憲法」という）は明治二十二年（一八八九）二月十一日の紀元節を期して公布され、翌年十一月二十九日の施行と同時に第一回帝国議会が開院された。板垣退助《いたがきたいすけ》らの自由民権運動の高まりということもあったが、それ以前に明治政府は早い時期から憲法制定を予期していた。明治五年十一月に「徴兵告諭《ちょうへいこくゆ》」を布告する前に、国民皆兵の徴兵制か志願兵制かの是非をめぐって政府内で論争したとき、将来は憲法政治を施行するという話が出る。

『明治天皇紀』によれば、徴兵制に反対する者は「武事をわきまえない農工商の子弟を兵役につかせても、その任に堪《た》えられない。また、日本の地勢は欧州の大陸諸国とは異なるので、ドイツ・フランス・ロシアのように徴兵で大軍を擁する必要はない。アメリカやイギリスにならって志願兵制にするべきだ」と主張した。

かたや徴兵派は、「志願兵制にすれば戊辰戦争に勝った藩の兵士のみが応募し、敗戦した東北諸藩の兵士は応じない。そうなれば封建制が再現してしまう。それに、徴兵制のほうが国庫の負担が小さい」と反論。また、「将来憲法政治を施行して挙国斉《ひと》しく参政権を享有せしむることを予期するに於《お》ては、全国皆兵主義の徴兵令を制定して、国家防護の任務も亦《また》挙国斉しく之《こ》れを負担せしむるが当然なり」と主張した。とくに山県有朋《やまがたありとも》が断固として徴兵制を主張したことから国民皆兵の徴兵制が朝議で決定された。

明治八年、漸次に立憲政治を樹立する旨の詔書を出す。同十二年、参議山県有朋が立憲政治を建議。以来、政府の参議たちが欧米諸国の憲政を日本の事情に照らしてさまざまに論議し、同十四年七月、その意見をまとめて天皇に奏上する「憲法大綱領」をまとめた。その第一項「憲法は欽定《きんてい》（君主による制定）の体裁を用いる」、第二項「帝位の継承法は祖宗以来（歴代天皇）の規範があるので別に皇室の憲則に載せ、憲法には記載しない」など、憲法と皇室典範を別立てとして、その基本的な内容を定めた。

憲法の「憲」はかしこさ、規範といった意味をもつ。日本最初の聖徳太子の憲法（六〇四年）は「いつくしきのり」とも読まれ、皇族も氏族も血なまぐさい抗争を続けていた飛鳥時代に朝廷の官人らが身を正して踏み行うべき法として宣じられた。「のり」は道のりの「のり」と同じで、行くべき道筋である。

現在の民主主義国家の国民投票の結果が必ずしも正しい判断とはいえないように、絶対に正しい法を人が定めることはできない。まして、まだ近代国家として出発したばかりで西南戦争（一八七七年）、大久保利通暗殺（同年）などがあった時期に「憲法は欽定とすべし」というのも当然だっただろう。しかし、憲法案を審議するために設置された枢密院《すうみついん》の議長伊藤博文は、日本では何が国家の基軸になるのかに悩んだ。伊藤が明治二十一年六月に最初の枢密院の会議で表明した「起案の大綱」にいう。

各位、今日ヨリ憲法ノ第一読会（審議会）ヲ開クヘシ。（中略）今憲法ヲ制定セラルルニ方《あたり》テハ、先《ま》ス我国ノ機軸ヲ求メ、我国ノ機軸ハ何ナリヤト云フ事ヲ確定セサルヘカラス。（中略）抑《そもそも》欧州ニ於テハ憲法政治ノ萌芽セル事千余年、独リ人民ノ此《この》制度ニ習熟セルノミナラス、又《ま》タ宗教ナル者アリテ之ガ機軸ヲ為シ、深ク人心ニ滲潤《しんじゅん》シテ人心之ニ帰一《きいつ》セリ。然《しか》ルニ我国ニ在《あり》テハ宗教ナル者、其力《そのちから》微弱ニシテ、一《ひとつ》モ国家ノ機軸タルヘキモノナシ。（中略）我国ニ在テ機軸トスヘキハ独リ皇室ニアルノミ（以下略）

国民をまとめあげるには日本では皇室を基軸とするほかにない。そのためには「君権」を尊重し、なるべく制限しない憲法がよいと伊藤博文はいう。

君権が強大であれば濫用の虞《おそ》れがあるというけれど、宰相が責をもてばよい。いたずらに濫用を恐れて君権を制限する説には道理がない。ゆえに、この草案は欧州の主権分割の精神にはよらない。欧州各国で君権・民権共同するという制度とは趣旨が異なる。それを憲法起案の大綱とすると伊藤は主張した。

**枢密院の憲法会議**　天皇が臨席して憲法案が審議された。立って演説しているのが伊藤博文。並んでいるのは枢密顧問官たち（『明治天皇御紀附図稿本』）

　とはいえ伊藤も、憲法の目的は君権を制限するためだともいう。今もよく「憲法は権力を縛るためにある」といわれるが、それは残虐な流血をともなった市民革命を経て獲得されたことで、それもない日本では今も教科書的な理解の域を出ていない。枢密院では国民は「市民（近代国家の主体者）」ではなく「臣民」という言葉で論議され、ほぼ伊藤の説に沿って憲法がまとめられた。その冒頭に天皇の地位が定められている。

第一条　大日本帝国ハ万世一系ノ天皇之ヲ統治ス
第二条　皇位ハ皇室典範ノ定ムル所ニ依リ皇男子孫之ヲ継承ス
第三条　天皇ハ神聖ニシテ侵スヘカラス
第四条　天皇ハ国ノ元首ニシテ統治権ヲ総攬《そうらん》シ此ノ憲法ノ条規ニ依《よ》リ之ヲ行フ

帝国憲法は、国民主権の現行憲法に対して天皇主権を定めたものとされるが、天皇の統治権は「此ノ憲法ノ条規ニ依リ」と制限されている。天皇の大権と憲法との関係は長く論議され、後述の天皇機関説事件（一九三五年）をも引き起こす。

明治の憲法制定にあたっては民間からさまざまな私案が建議された。自由民権派には枢密院の憲法案への反対が多く、新聞も批判した。ところが、明治二十二年二月の公布を機に世論は一変し、君民同治主義の日本の憲法として歓迎された。

東京帝国大学のお雇い外国人のドイツ人医師ベルツは、そのようすを日記に記している。

東京全市は、十一日の憲法発布をひかえてその準備のため、言語に絶した騒ぎを演

じている。到るところ、奉祝門、照明《イルミネーション》、行列の計画。だが、こっけいなことには、誰も憲法の内容をご存知ないのだ。(二月九日)
日本憲法が発表された。もともと、国民に委ねられた自由なるものは、ほんのわずかである。しかしながら、不思議なことにも、以前は「奴隷化された」ドイツの国民以上の自由を与えようとはしないといって憤慨したあの新聞が、すべて満足の意を表しているのだ。(二月十六日)

(菅沼竜太郎訳『ベルツの日記』)

**憲法発布の日の観兵式行幸**　憲法発布を祝って民衆が「宝《ほう》祚《そ》無《む》窮《きゅう》(皇統は永遠)」「大日本帝国万歳」などの幟《のぼり》を掲げている(『明治天皇御紀附図稿本』)

まだラジオもない当時、新聞や雑誌を読む人は限られていたので、「誰も憲法の内容をご存知ない」のも当然なのだが、憲法発布は大祝賀行事になった。法令の条文や書物の言葉以上に、それによって何が行われるかということこそ事の本質をあらわす。

『明治天皇紀』には、憲法発布の日に行われたことが次のように記されている。

十一日　紀元節御親祭を行はせられ、皇室典範及び憲法制定の告文《こうぶん》を奏したまひ、憲法発布の式典を正殿に挙げたまふ、午前九時出御、内大臣公爵三条実美《さんじょうさねとみ》・宮内大臣子爵土方久元《ひじかたひさもと》（中略）内閣総理大臣伯爵黒田《くろだ》清隆《きよたか》・枢密院議長伯爵伊藤博文及び内閣各大臣扈従《こしょう》す、乃《すなわ》ち賢所に渡御し、玉串を奉りて御拝あり、典範並びに憲法制定の告文を奏したまふ、

続いて宮中の皇霊殿と神殿でも同様の儀式が営まれた。憲法発布にあたってまず行われたのは紀元節の親祭、それから宮中三殿に玉串を奉納して親拝し、「皇室典範及び憲法制定の告文」を皇祖《こうそ》皇宗《こうそう》（歴代天皇）の神前で奉読することだった。

そして午前十時、皇族・華族や閣僚、各国公使らが皇居正殿に集まり、憲法発布式が行われた。十時四十分に天皇が出御し、高御座《たかみくら》のそばに立つ。侍従が剣璽《けんじ》（神器の剣と勾玉《まがたま》）と御璽《ぎょじ》（天皇の印）を奉じて天皇の前に進み、続いて内大臣三条実美が憲法を納めた筥《はこ》を天皇に捧げた。天皇はそれを受け取り、「憲法発布の勅語」を三条に授けた。さらに内閣総理大臣黒田清隆に天皇から憲法を授けるという手順で帝国憲法は発布されたのである。

このときの「告文」と「勅語」が帝国憲法の本文の前に置かれる。

皇朕《みことわ》レ謹《つつし》ミ畏《かしこ》ミ皇祖皇宗ノ神霊ニ誥《つ》ケ白《もう》サク　皇朕レ天壌無窮《てんじょうむきゅう》ノ宏謨《こうぼ》ニ循《したが》ヒ惟《い》神《しん》ノ宝祚《ほうそ》ヲ承継シ旧図《きゅうと》ヲ保持シテ敢《あえ》テ失墜スルコト無シ（中略）茲《ここ》ニ皇室典範及《および》憲法ヲ制定ス　惟《おも》フニ此《こ》レ皆　皇祖皇宗ノ後裔《こうえい》ニ貽《のこ》シタマヘル統治ノ洪範《こうはん》ヲ紹述《しょうじゅつ》スルニ外《ほか》ナラス（中略）皇祖皇宗及皇考ノ神祐《しんゆう》ヲ禱《いの》リ　併《あわ》セテ朕カ現在及将来ニ臣民ニ率先シ　此ノ憲章ヲ履行《りこう》シテ愆《あやま》ラサラムコトヲ誓フ　庶幾《こいねがわ》クハ神霊此《こ》レヲ鑒《かんが》ミタマヘ（「告文」）

**陸軍の演習**　図は明治6年、習志野原（千葉県習志野市）で行われた野営演習に際し、騎馬で近衛兵を率いて臨んだ天皇（『明治天皇御紀附図稿本』）

「憲法発布の勅語」には「朕国家ノ隆昌ト臣民ノ慶福トヲ以《もっ》テ中心ノ欣栄《きんえい》トシ　朕カ祖宗ニ承《う》クルノ大権ニ依《よ》リ現在及将来ノ臣民ニ対シ此ノ不磨《ふま》ノ大典《たいてん》ヲ宣布ス」という。

また、憲法発布と同時に制定された皇室典範は議会で決めたのではなく、皇室みずからが定めたという形で宮中の賢所・皇霊殿・神殿の宮中三殿で歴代天皇の霊と天神地祇に親告した。それは天皇家の家憲として、「皇位は直系男子が継承すること」「皇族に養子は認めない」など全六十二条が定められた。

この皇室典範の制定と憲法発布の日、天皇・皇后が青山練兵場に行幸して陸海軍の観兵を行った。憲法第十一条にいう「天皇ハ陸海軍ヲ統帥ス」を形にあらわしたのである。あくる二月十二日には天皇・皇后が上野公園に行幸。「東京市民等憲法発布の事を聞き感激すること深く、聖容（天皇の姿）を仰いで永く其《そ》の優恩を記せん」と願ったので、東京府知事が請い、「民衆をして鳳輦《ほうれん》を拝するを得せしめられん」ためだった。

こうして、江戸時代には六十余州の国々を生国《しょうごく》とし、幕府や諸藩の領民だった民衆が明治以後は「臣民」という新たな呼び名を与えられた。憲法第二章には「日本臣民タルノ要件ハ法律ノ定ムル所ニ依ル」以下、十五ヵ条にわたって「臣民の権利と義務」が定められている。「臣」はもともとは「天皇の臣下」である貴族や朝廷の官人をさし、多くの民衆には関係のないことだったが、ここに日本国民はすべて「天皇の臣下である民」すなわち「臣民」になった。明治二十三年の憲法施行の前月には、その「臣民」の道を学校教育で普及させるために「教育勅語」が布告される。それはひとつの宗教で、国民に強要された国教だったのだろうか。

## 国家の祭祀は宗教なのか

国教とは国家によって祭祀が行われるもので、必ずしも国民みんなが信じなければならない宗教ということではない。帝国憲法でも「日本臣民ハ安寧《あんねい》秩序ヲ妨ケス及臣民タルノ義務ニ背カサル限《かぎり》ニ於テ信教ノ自由ヲ有ス」(第二十八条)と、条件つきながらも信教の自由がうたわれていた。

また、特定の宗教の祭祀が国家によって行われても、その宗教が国教とはいえない。たとえば、韓国では旧暦四月八日を仏誕節(釈迦降誕日)として国民の祝日にしているが、仏教が韓国の国教だという人はあるまい。ヨーロッパでは信徒が教会に納める献金を国や自治体が教会税として徴収している国もある。それは歴史的に国民的信仰として了解されていることで、国教だからということではない。

おりおりに行われる国家のセレモニーも宗教的だ。アメリカ大統領が就任式で聖書に手を置いて宣誓するように、その形は伝統的な宗教から来ることが多い。明治政府は皇祖皇宗の祭祀は古来の「惟神《かんながら》の道」であり、「敬神愛国」「天理人道」「皇上奉戴」(明治五年「三条の教則」)の人倫の道であり、宗教ではなく国民の道徳であって、国家の儀式であるという立場をとった。

そして、神道系の宗教としては神宮教・黒住教・天理教など十四派を教派神道として公認。神宮教は江戸時代に盛んになった伊勢参りの伊勢講を母胎とした教派だったが、明治三十二年に財団法人神宮奉賛会をつくって離脱し、それ以外の十三派が教派神道となった。

明治初頭には過激な国学者らが主導して神道国教化がはかられたが、明治五年には政教分離のために神祇省を教部省に変え、「三条の教則」によって国民教育をすすめるために大教院が設置された。大教院は中央、地方には中教院・小教院をおく。それは「敬神愛国」「天理人道」「皇上奉戴」という徳目を広めるための社会教育機関で、教師の教導職には神官だけでなく僧侶や儒学者、心学者《しんがくしゃ》、芸道の師匠なども任じられ、人の道、家族のありかた、国民の権利と義務などについて講義した。

とはいえ、皇祖皇宗をまつる祭祀は宗教なのか否かについて、言論界でしばしば問題になった。政府は一貫して非宗教とする立場を取り続けたが、昭和の戦時下には忠君愛国を極端に強調したり、海外の領土や占領地にまで神社や遥拝所をつくって礼拝を強要したりするようになった。そうなると、GHQの指令で「国家神道」とよばれ、政教分離の原則によって政治から排除すべき宗教とされたことに反論の余地はないといえよう。

## 国民統合の象徴になった明治天皇

明治時代初期には、欧米列強の進出に直面して内戦状態になった幕末と戊辰戦争の後も士族の反乱、農民一揆、西南戦争などの大きな危機が続いた。そのとき、天皇はまさに国民統合の象徴になった。もし、錦の御旗を掲げた天皇という存在がなかったら、諸藩をまとめる力が弱まった幕府のもとでは国を維持できず、日本はどうなったかわからない。

また、戊辰戦争に勝利した薩長側が伝統を固守しようとする公家たちの意向におされて天皇をふたたび禁中(御所)に閉じこめたら、伊藤博文がいう国をひとつにまとめる基軸が隠れてしまって、戊辰戦争に勝った西日本側が東日本を植民地的に支配するようになったかもしれない。天皇が江戸にうつった東京奠都は東西融和をはかるうえでも象徴的な意味をもつことだった。

新時代の幕開けを告げる文明開化、殖産興業、富国強兵、和魂洋才といったことも天皇の姿によって目に見える形で示された。

明治天皇は、神社に親拝するときには平安時代の束帯、国会の開院などの近代国家の儀式のときには洋式の大礼服、陸海軍の閲兵には大元帥の軍装で臨んだ。また、軽装で農村にも工場にも出かけ、その姿を人々に見せた。明治天皇が巡幸したときの行在所(宿)、休憩した場所などが各地にあり、今も名誉なこととして伝えられている。その足跡は全国に及んだ。兵庫県姫路市のみゆき通り、神奈川県小田原市の御幸《みゆき》の浜海岸などの「みゆき」は明治天皇の行幸を記念する地名で、同様に「みゆき」とよぶところが各地にある。東京都多摩市の聖蹟《せいせき》桜ヶ丘の「聖蹟」も明治天皇の行幸地のことである。

### お出かけする天皇の始まり

天皇がどこかに出かけることを行幸、複数の目的地に出かけることを巡幸という（皇后や皇太子は行啓・巡啓）。今では「お出かけ」というほうが親しみやすいかもしれない。

今の天皇のようにお出かけする天皇は明治天皇が最初だった。江戸時代の天皇は火災のような緊急時を除いて御所から外に出ることはなかった。もし出るとなれば、たとえ近くでもたいそうな行列を仕立てねばならない。また、天皇は輿に乗っているので沿道の人に姿は見えなかった。

しかし明治四年八月十七日、天皇は今後、騎馬または馬車に乗り、随時、離宮その他に軽装で出かけるという布告が出された。それは民情・風俗視察のためなので沿道の商家等はすべて平日どおりにせよという。

翌十八日、さっそく浜離宮に行幸した。軽装での臨時の行幸だといっても、もちろん単独ではない。天皇の馬車の前には侍従二名、騎兵八名等が先行し、後ろにも多数の供奉の者が続いた。

浜離宮では放鷹《ほうよう》（鷹狩り）や網漁を見たあと、延遼館《えんりょうかん》で昼食。延遼館は浜離宮に迎賓館として建てられた日本最初の洋風石造建築物である。そこには大臣・参議らの政府高官が招かれていて、軍楽隊が演奏するなか、西洋料理を陪食した。

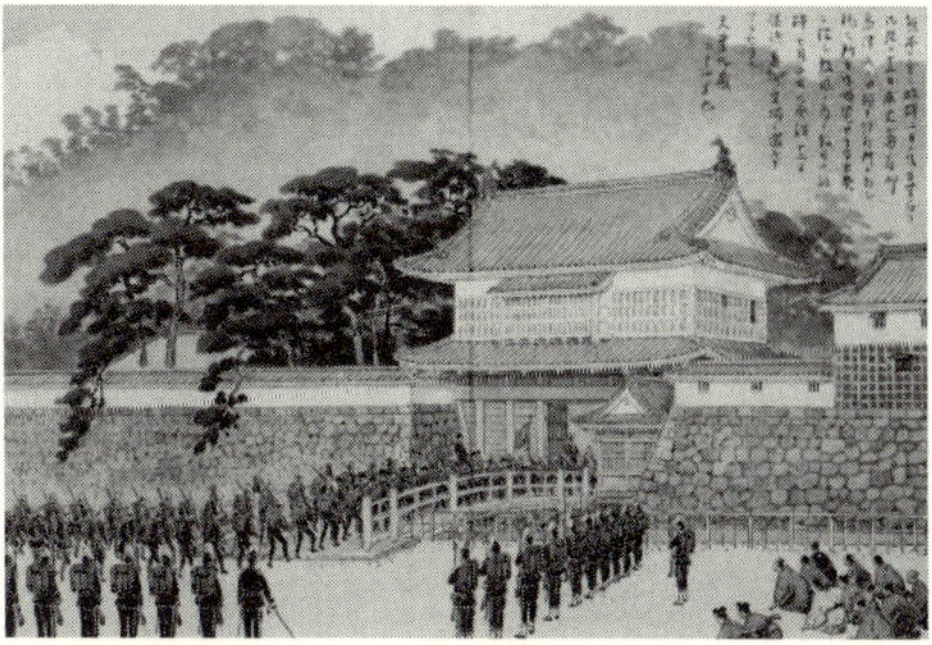

**中国・九州巡幸**　明治5年5月から7月にかけて天皇は中国・九州を巡幸した。図は鹿児島の島津邸に到着したところ（『明治天皇御紀附図稿本』）

同年九月二十二日の天長節（新暦では十一月三日）には、皇居諸門の外に整列した陸軍部隊を観兵。以後、天長節観兵として恒例になる。

同年十一月二日には海軍親閲。寒風烈《はげ》しい日だったが、午前六時に皇居から出門。浜離宮から端《たん》艇《てい》（カッターボート）に乗って軍艦に移乗し、甲板上に整列した士官・兵員の敬礼を受ける。同月二十一日には横須賀造船所に行幸した。

明治五年五月二十三日には大阪および中国・九州巡幸に出発。陸海軍の将官、侍従・侍医ら七十余人と近衛兵一小隊が供奉し、沿道の町々では軒《のき》

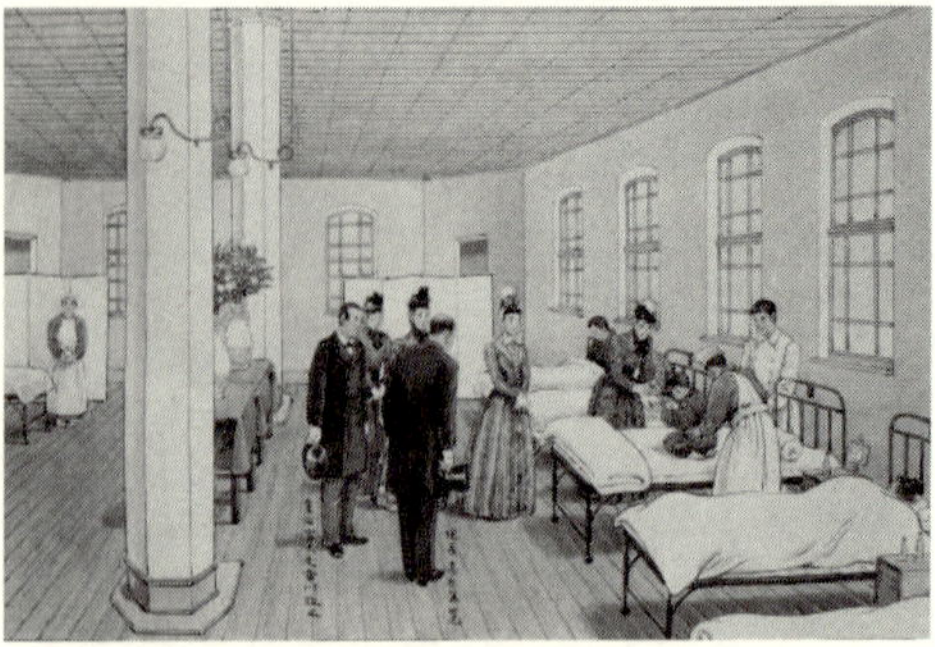

**皇后の行啓**　皇后は富岡製糸場、女子師範学校など、主として女性が働くところに行啓した。図は明治15年、東京の慈恵医院を訪れた皇后（『明治天皇御紀附図稿本』）

提灯《ちょうちん》をつるして巡幸を迎えた。以後、明治十八年までに六回の大巡幸があったが、大阪より西は一度だけで、戊辰戦争に敗れた東北・北陸地方をくまなく巡幸することに力点が置かれた。

このほか、日清戦争（一八九四～一八九五年）が開戦した明治二十七年には大本営を広島に移して天皇も行幸し、翌年の戦争終結まで広島にとどまった。日清戦争の主戦場は朝鮮半島だったこと、山陽本線が広島までしか延びていなかったことから広島を前線として指揮をとるためだった。

日露戦争（一九〇四～一九〇五年）も朝鮮半島と山東半島あたりが戦場になり、大本営が広島に置かれて天皇・皇后が行幸した。

このように民衆の前に姿を現したことこそ近代の天皇のもっとも大きな特色である。それによって、「大日本帝国ハ万世一系ノ天皇之ヲ統治ス」（帝国憲法第一条）という天皇が国民に認知され、大正時代以後には「明治大帝」ともよばれるようになる。

# 第八章

# 明治天皇の大葬

## モダン化する伝統

**明治天皇の大葬で陵所に向かう葱華輦《そうかれん》**　柩を乗せた輦（輿）は平安風だが、洋装の儀仗兵などが整列し、和洋混在の大葬になった（『明治天皇御大葬鹵簿御写真集』）

## 明治天皇の病状と崩御

明治四十五年（一九一二）七月二十日、政府は官報号外を出し、「御容体書」を発表した。

天皇陛下ハ明治三十七年末頃ヨリ糖尿病ニ罹《かか》ラセラレ次《つい》テ三十九年一月末ヨリ慢性腎臓炎御併発（中略）一昨十八日以来御嗜眠《ごしみん》（眠った状態）ハ一層《いっそう》増加　御食気減少昨十九日午後ヨリ御精神少シク恍惚《こうこつ》ノ御状態ニテ御脳症アラセラレ　御尿量頓《とみ》ニ甚《はなはだ》シク減少　蛋白質著シク増加　同日夕刻ヨリ突然御発熱　御体温四十度五分ニ昇騰《しょうとう》（中略）今二十日午前九時（中略）東京帝国大学医科大学教授医学博士三浦謹之助《みうらきんのすけ》拝診ノ上　尿毒ノ御症タル旨上申セリ

（『明治天皇紀』）

じつは天皇が糖尿病と診断されたのは、これより七年前の明治三十八年、満五十三歳のときだった。その後、肥満と運動不足も重なって下肢のむくみなどの症状が悪化していた。しかし、国民には知らされず、七月二十日の突然の公表となったのである。新聞各社は「聖上不例」を伝える号外を出し、連日、天皇の病状を報じた。新聞をとる家がまだ少なかった当時、号外は有料で号外売が売って歩く。新聞各社が競争して発行した。

そのころ、知識人の論調は必ずしも皇室に好意的ではなく、明治四十三年には大逆《たいぎやく》事件が起こった。天皇や皇后に危害を加え、また加えようと企てた者は死刑に処すという旧刑法の大逆罪を適用して、広まり始めていた社会主義・無政府主義運動を弾圧した事件である。政府は天皇暗殺を計画したとして多数の社会主義者らを検挙し、翌四十四年一月に幸徳秋水《こうとくしゅうすい》ら二十四名に死刑判決が下された（同日、半数は無期懲役に減刑）。

作家の徳冨蘆花《とくとみろか》は同年二月一日、一高での講演で『謀叛論《むほんろん》』を論じ、十二人を処刑した政府を痛烈に批判した。維新の志士も、立ち上がったときは謀反人だった。幸徳秋水らも「乱臣賊子の名をうけても、ただの賊ではない、志士である。（中略）自由平等の新天新地を夢み、身を献《ささ》げて人類のために尽さんとする志士である」と擁護したのである。

ただし、蘆花は天皇崇拝者で、社会主義・無政府主義に賛同していたわけではない。もし政府に忠義鯁骨《こうこつ》の臣があって天皇に訴えれば十二名の処刑はなかったであろうという。

当時、社会主義・無政府主義に共感する文学者は多かったのだが、彼らは黙っていた。また、明治時代には昭和前期の戦時下のように天皇が現人神《あらひとがみ》として扱われることはあまりなかった。夏目漱石は、明治政府の元老たちさえ天皇に対し無礼きわまりないと日記に書いている。

それは天皇が皇太子とともに能の鑑賞に行幸したときのことである。元老の山県有朋・

松方正義や乃木希典陸軍大将らもいた。陛下・殿下（天皇と皇太子）の態度は謹慎で最も敬愛に価するけれど、それに反して陪覧の臣民どもはまことに無礼である。見世物のように陛下・殿下の顔をじろじろと見る。演能中でも席を立って靴音を出す。陛下・殿下が静かに能を御覧になっているのに近くで大声で話す。「これら礼儀の弁別なきものどもは日本の上流社会なるべし。情なき次第也」と漱石は憤慨するのだが、天皇・皇太子が喫煙して自分たちは禁煙なのは納得いかない。「これは陛下・殿下の方で我ら臣民に対して遠慮ありて然《しか》るべし」と天皇を批判している。

漱石は「皇室は神の集合にあらず（天皇は神ではない）。近づきやすく親しみやすくして我らの同情に訴えて敬愛の念を得らるべし」と、現在の象徴天皇でいえば各地を訪問したり民間の行事に臨席したりする公的行為が大事だというようなことも書いている。

これは明治四十五年六月十日の日記である。翌月の七月二十日に「聖上不例」が公表されると、国民は驚き、「御脈宜《よろ》しからず」といった連日の報道に世論は平癒祈願一色になった。

左の写真は帝国軍人教育会編『御大葬写真帖』のひとこまで、「明治天皇陛下御悩《ごのう》の報一度《ひとたび》伝はるや市民は驚《おどろき》と悲しみとに胸を打たれ群をなして宮城前に集る」という説明がつけられている。この写真帖には、お濠端《ほりばた》で平伏したり、学校の校長が子どもたちを率いて祈願文を読み上げたりするなど、さまざまな人びとが平癒を祈る写真が掲載されている。宮城前だけでなく、神社や寺院で祈る神職・僧侶・信徒らの姿もある。

第一章で述べたように、崩御は実際には二十九日午後十時四十三分だった。翌日午前零時四十三分と公表したのは皇室典範の規定のためである。

明治天皇不例の発表に接して皇居前に集まる人びと
(『御大葬写真帖』)

江戸時代まではよほどの急死でないかぎり生前に譲位した。天皇の不在はゆるされないので同時に新天皇に践祚《せんそ》し、それを翌日にすることはない。しかし、生前の譲位は政治的に利用されることもあったので、皇室典範は生前の譲位の規定をもうけず、在位を終生とした。

病状が昂進していた明治天皇の場合、その日を予想して次の年号を選ぶなど、践祚の準備が行われた。しかし、午後十時四十三分の崩御では、その日の残りは一時間くらいしかない。とうてい間に合わないので崩御を三十日にし、同日午前一時に内大臣が剣璽《けんじ》（神器の剣と勾玉《まがたま》）と御璽・国璽（御璽は法令・条約の批准書などの公文書に押印され、国璽は勲章の証書に押印される天皇の印鑑）を皇居の正殿に運んで皇太子の嘉仁《よしひと》親王に渡す践祚の儀式が行われた。

その日、新天皇嘉仁の詔書によって元号が「大正」と布告された。中国古典にある「大亨以正　天之道也（大いに亨《とお》りて以て正しきは天の道なり）」「君子大居正　王者大一統」の語句から二字をとった元号である。

また同日、宮中に大喪使《たいそうし》が置かれ、翌日、大喪使総裁に伏見宮貞愛《さだなる》親王、副総裁に宮内大臣渡辺《わたなべ》千秋《ちあき》が任じられた。大喪使とは天皇の葬儀をとりしきる臨時の役所である。

しかし、皇室典範には葬儀に関する規定がまったくない。天皇の葬儀に関する法令の最初は、明治四十二年公布の皇室服喪令《こうしつふくもれい》で、天皇・皇太后・皇后の「喪ニ丁《あた》ルトキハ大喪トス」と定め、天皇・皇太后の諒闇《りょうあん》（服喪期間）は一年としたことである。といっても、具体的な式次第などの規定はなく、第二十二条に「大喪ニ関スル事項ハ宮内大臣之《これ》ヲ公告ス」というだけだった。じつは大葬の手順を定めた皇室喪儀令《こうしつそうぎれい》の案文が作成されたのだが、天皇が裁可する前に崩御し、そのままになったのである。

いずれにせよ、法令があろうがなかろうが、大葬を実施しなければならない。江戸時代なら泉涌寺から籠僧《こもりそう》（お通夜をつとめる僧）を御所に招いて入棺以後の儀式を行ったが、神仏分離の明治には、そういうわけにいかない。神道の古式を復元するとともに、近代国家にふさわしい大葬にしなければならなかった。

ところが、僧の読経《どきょう》によって死後の安らぎを祈る葬儀は、飛鳥・奈良時代から千年の伝統になっている。それを欠いて、もしも死後の霊が鎮まらずに「成仏しない」なら不幸や災いを招くのではないか。そうした不安をもつ人は今でも多い。明治時代には仏式の葬儀を望む皇族もあった。

## 仏事と神葬祭

明治時代初期に神仏分離・廃仏毀釈があったほか、上地令《あげちれい》（政府による土地没収令）によって寺領を没収されるなど、寺院は大きな打撃をうけた。しかし、伝統宗派の本山—末寺の制度や檀家制度は揺らがなかった。江戸時代の宗門改・寺請制度がなくなっても、檀家と寺の関係は葬式・法事などの先祖供養を軸として強固に存続した。

天皇・皇族と寺院の関係も復活した。明治九年に政府は旧門跡《もんぜき》寺院（皇族が住職を務める寺）と皇室ゆかりの御由緒寺院に年金を支給するという通達を出した。なかでも御所の仏間（御黒戸《おくろど》）が廃止されて歴代天皇の位牌・肖像画などが移された泉涌寺は「尊牌《そんぱい》（天皇の位牌）・尊像奉護料」として千二百円の年金を下賜されることになった。

こうして皇室と各宗のつながりが復興し、一般の寺院も江戸時代と変わりなく檀家を維持した。明治時代には欧米の哲学や仏教研究に学んで日本の風習を元来の仏教に反する俗信として排除する動きもおこったが、それは知識人層でのことで、思想史上は高く評価されるものの、寺々に受けつがれた鎮魂の仏事に大きく影響することはなかった。

いっぽう神社は、寺院と違って今も葬儀をしない。神葬祭は神社ではなく自宅か斎場に祭壇を設けて行われる。

仏式と神葬祭の違いはいろいろある。僧が葬儀を執り行うのではなく神主が祭主になる、読経ではなく誄詞《るいし》（しのびごと）を読む、焼香ではなく榊《さかき》を捧げる、数珠は用いない、葬儀後の四十九日の仏事ではなく十日祭・二十日祭などの霊前祭を行う、墓は古代の呼び名で「奥都城《おくつき》」とよぶなどであるが、その葬儀の形は仏式から転用したものだ。

江戸時代には神職といえども菩提寺の僧によって仏式の葬儀をした。神葬祭は京都の吉田神社の神職などによってわずかに行われたにすぎない。明治時代には神社の神職は国家の祭祀をになう神官になり、宗教儀礼である葬儀を斎主として行うことは禁じられたが、明治五年の政府の布告で依頼があれば喪主を助けて葬儀をしてよいことになった。神職の葬儀も、家族をふくめて神葬祭になる。とくに政府の官吏は神葬祭にすることが奨励され、そのための墓地として東京の青山霊園と谷中霊園がつくられた。

とりわけ天皇・皇族の葬儀は誰よりも率先して神道式になるべきだが、それまでの風習を断ち切るには大きな抵抗があった。

## 皇族の葬儀に仏式は許されるか

明治三十一年二月十七日、京都で暮らしていた山階宮晃《やましなのみやあきら》親王が八十三歳で薨去《こうきょ》した。ところが、山階宮家の使者が上京し、葬儀はすべて仏式で執り行ってほしいという故親王の遺書があると宮内大臣田中光顕《たなかみつあき》に伝えた。宮内大臣はそれを不可とし、その理由を次のようにいう。

維新後皇室祭祀の典《のり》定まり、先帝（孝明天皇）三周年祭以来、朝廷絶えて仏儀を用ゐることなく、葬送の礼亦《また》神祇式に由《よ》り、其《そ》の儀制は英照《えいしょうこうたいごう》皇太后の大葬に依りて大成したり（中略）皇族の儀制・典礼固《もと》より範を皇室に採らざるべからず、寧《いず》くんぞ区々の私情に徇《したが》ひ、大体《だいたい》を遣《や》るべけんや

（『明治天皇紀』）

前年にあった英照皇太后の大葬がどのように行われたかは後述するが、そのときに葬送は神道式と決まった。皇族もそれに従うべきで、個々の私情によって変更することはでき

ないということである。

これは皇族に信教の自由があるのかという問題でもある。天皇は事の重大さに鑑《かんが》み、枢密顧問官で討議するように命じた。その奉答書にいう。

謹《つつしみ》テ按《あん》スルニ建国ノ昔　祭政一致ヲ以《もっ》テ国是トセラレシヨリ　皇室ノ葬祭ハ常ニ尊厳ナル式典ニヨリテ行ハレ永ク皇室葬祭ノ儀礼トシテ今ニ伝ハレリ　中古以降　仏教ノ旺盛ヲ極ムルヤ仏式ヲ以テ大葬ヲ行ハセラレシコト固《もと》ヨリ尠《すくな》カラスト雖《いえど》モ皇霊殿ハ常ニ歴代ノ神魂ヲ安シ奉リ　其《その》祭祀ハ常ニ古来ノ式ニ依リ奉セラレタリ（中略）維新以後　皇室葬祭ノ典礼ハ一《いつ》ニ古式ニ拠《よ》ラシメラレ且《か》ツ国家公式ノ祀典《してん》モ一ニ之ニ法《のっ》トル今日ニ在《あり》テ　皇族ノ仏葬ヲ聴許《ちょうきょ》セラルルアラハ是《こ》レヨリ特例ヲ後世ニ開キ或《あるい》ハ延《ひい》テ典礼ノ紊乱《びんらん》ヲ来《きた》スアランコトヲ恐ル

故宮殿下ノ遺旨寔《まこと》ニ已《や》ムヘカラスト雖モ皇室ノ定例ハ亦《また》固ヨリ斁《やぶ》ルヘカラサルナリ

（『明治天皇紀』）

皇室の葬祭は国体にもかかわることで、維新以後、古式によることが国家公式のものになっている。もし皇族の仏葬を許せば、それが特例となって典礼の乱れをもたらす。故宮殿下がどんなに仏葬を願われていたとしても、それを許すことはできないという。同月二十五日、自邸で神葬祭が営まれ、遺体は泉涌寺雲龍院《うんりゅういん》の境内に埋葬された。墓所だけは生前の願いのとおりに寺院につくられたのである。

信仰という点では、葬儀や結婚式などのセレモニーは宗教による行為とは言い難い面がある。仏教を信じているから仏式の葬儀をするということではない。神葬祭も、神を信じているからというより、神仏分離以降、皇族や政府高官にはその形が求められた。その最初の大葬が英照皇太后の葬儀で、それが明治天皇大葬の先例になった。

## 英照皇太后の大葬

英照皇太后（九条夙子《くじょうあさこ》／一八三五～一八九七年）は孝明天皇の准后《じゅごう》（身分は女御《にょうご》）で、天皇の崩御後は皇太后となり、東京奠都後は赤坂離宮・青山御所に暮らした。明治天皇の生母は典侍《てんじ》（近侍する女官）の中山慶子《なかやまよしこ》だが、皇太子として九条夙子の実子とされた。

英照皇太后は明治三十年一月六日頃から風邪をひき、八日には急性肺炎になった。十一日午後五時三十分、脈拍不整。同六時三分、虚脱症となって崩御。満六十二歳だった。

翌日、皇室典範の「大喪ニ関スル事項ハ宮内大臣之ヲ公告ス」という規定により宮内大臣土方久元《ひじかたひさもと》の名で崩御を公告したが、それから先の葬儀をどうするかの規定はない。皇

**青山練兵場での御発棺の葬列**　写真中央部に京都に向かう霊柩を乗せた輿、葬列の両側に見送りに集まった民衆が見える
（『英照皇太后陛下御大葬写真帖』）

太后も仏教の信心のあつい人だったけれど、江戸時代のように泉涌寺の僧に頼むわけにもいかず、「古式」をさぐりながら神仏分離の新しい形を早急につくらねばならなかった。『明治天皇紀』によれば皇太后の葬儀は崩御の翌日から、およそ次のように進行した。

**一月十二日**　本日より五日間廃朝《はいちょう》（政務を休止）。宮中の服喪を一年間とし、参内する者は喪服を着用。国民の服喪は三十日とし、歌舞音曲《かぶおんぎょく》を停止。ただし、芸人など営業にかかわるものは十五日とする。

服喪期間中、官吏は喪章を着け、掲揚する国旗は旗竿の先に黒色の布を付ける。

**十四日**　宮中に大喪使を置くことにし、有栖川《ありすがわの》宮威仁《みやたけひと》親王を大喪使長官に任じる。

宮内大臣を大喪使次官に任じ、大喪使の官吏に宮

**京都御所に着いた英照皇太后の輿**　皇太后の霊柩は2月2日に列車で東京を発ち、翌3日、現在の京都駅に着いた。そこから葬列を組んで御所に入った（同）

内省の十数名、各省次官・内閣書記ら十数名を兼務させることにする。

**十八日**　大喪使長官の有栖川宮威仁親王を喪主とする。江戸時代までと同様、天皇自身は喪主にならない。

**十九日**　御入棺の儀と御霊移祭《みたまうつしさい》（仏式の通夜にあたる儀式）を行う。天皇は伏見宮貞愛親王《ふしみのみやさだなる》に、皇后は小松宮彰仁親王妃頼子《よりこ》に代拝させる。

**二十三日**　皇太后の陵所を定める。皇太后は生前に陵所を先帝の山陵付近にしてほしいと近習に告げていたため、孝明天皇陵に隣接する地とする。したがって葬場も京都になる。

**二十四日**　帝国議会の協賛を経て大喪費七十万円を明治二十九年度予算に追加し、皇室費に加える。当初、大喪使は八十万円を政府に要求したが、十万円を減額した。

**御所から泉涌寺に向かう轜車《じしゃ》（霊柩車）**　葬儀は夜に行うのが習わしだった。葬列は午後6時に御所を出て同10時に泉涌寺に着いた（『英照皇太后陛下御大葬写真帖』）

**二十六日**　天皇・皇后、風邪のため京都に行かないことを決定。『明治天皇紀』には、天皇・皇后は京都におもむいて葬儀に臨みたいとの気持だったが、風邪が治らないため、やむなく見合わせたという。しかし、天皇は死穢《しえ》を避けて葬儀に出ないのが長い伝統なので、風邪を理由に行幸しないことにしたのだろう。小松宮彰仁親王、同妃頼子を天皇・皇后の名代とする。

**二十九日**　御発棺は二月二日、葬儀は二月七日・八日とする。鉄道で柩を京都に運ぶため、青山練兵場に仮停車場（臨時の駅）をつくることにする。霊柩《れいきゅう》発軔《はつじん》（出発）の前に内親王二人が青山御所の柩前に参拝。仮停車場で見送りたいと希望したが天皇は許さず、女官に代拝させよと命じる。天皇や内親王には親族の葬送さえも禁じられた。

**三十日**　諡号《しごう》を「英照皇太后」とし、崩御二十

**斎場と左右の幄舎《あくしゃ》**　葬儀は泉涌寺の境内に斎場を設けて行われた。中央が斎場、右に霊柩を運んできた轜車、その左側に霊柩を納めた輦（輿）が写っている（同）

日祭の祭詞にて奉告。

**三十一日**　大葬にあたり北海道・各府県・台湾の慈恵救済のために内帑金《ないどきん》（皇室の資金）四十万円を下賜。この日、かねて布告の囚徒の減刑などの特赦《とくしゃ》を実施。とくに台湾の民を皇化に浴させるため減刑に加えて大赦《たいしゃ》を行い、台湾住民の国事犯等を赦免。

**二月一日**　霊柩発軔の前日にあたり、青山御所で御棺前拝礼の儀。華族、勲三等以上の国民・外国人のほか、両院議長・副議長、神道・仏教各宗の管長らが順次拝礼。

**二日**　午前八時から御棺前祭。皇族・大臣・枢密院議長・各国公使ら夫妻が拝礼。柩を輦《れん》（輿）に乗せ、正午に青山御所を出て青山仮停車場に向かう。天皇・皇后、青山御所に行幸して見送りたいと望んだが、風邪がまだ癒えないので、侍医が固く止めた。皇族・総理大臣・各省大臣・両院議長らが徒歩で供奉の列につらなる。午後二時、霊柩発軔。

この仮停車場は青山練兵場と輜重《しちょう》大隊（補給部隊）のための軍用駅を用いたもので、のちの明治天皇大葬のときにも仮停車場になった。現在のJR千駄ヶ谷駅にあたる。

**三日**　午前八時三十五分、京都七条停車場（現在の京都駅）に着。柩を輦《れん》にうつし、十一時五十分、大宮御所（京都御苑内にある皇太后の御所）に着。

**七日**　葬儀に先立ち、午後二時から大宮御所で祭典。天皇・皇后の名代の彰仁親王・同妃頼子、喪主威仁親王以下諸官が拝礼。午後六時、大宮御所を出て月輪山斎場（泉涌寺につくられた斎場）に向かう。葬儀を夜間に営むのは平安時代以来のしきたりである。また、柩を四頭の牛がひく轜車（御所車の霊柩車）に乗せていくのも平安時代以来の伝統だが、供奉の親王以下は平安貴族の装束である衣冠《いかん》、または洋装の大礼服を着るという形で、古式と近代の洋風が入り混じることになった。葬列は神道式に榊、松明などを掲げるだけでなく、近代の軍隊の儀仗兵・軍楽隊等も供奉し、沿道に陸軍兵が並んだ。軍楽隊はお雇い外国人フランツ・エッケルト作曲の「哀の極《かなしみきわみ》」を吹奏。エッケルトは「君が代」を現在のように編曲したドイツ人音楽家で、哀悼曲「哀の極」は昭和天皇の大葬でも演奏された。

泉涌寺手前の川にかかる夢の浮橋《うきはし》からは道が狭いので柩を轜車から輦にうつし、午後十時、斎場に着く。十一時、柩を斎場の中央に安置し、斎場式を行う。喪主の親王以下は左右の幄舎《あくしや》（仮小屋）に列した。場所は泉涌寺でも神葬祭の形で、斎主は加茂神社の社司や皇典講究所《こうてんこうきゆうじよ》（神職の養成機関）副総裁などを歴任した久我建通《こがたけみち》がつとめ、誄《るい》（しのびごと）は公爵鷹司熙通《たかつかさひろみち》が奏上。天皇・皇后の名代以下、参列の皇族・華族や高官らが左右の幄舎から斎場に進んで礼拝し玉串を奉る。式が終わったのは日付が変わった八日午前零時十二分だった。

**八日**　午前四時、霊柩を御須屋《みすや》（陵所に架けた仮小屋）に運び、喪主の威仁親王が埋葬の詞を奏し、五時三十分に霊柩を窟に納める。参列者が礼拝し、十一時五十五分に葬儀は終了した。

**九日**　英照皇太后の陵は孝明天皇の後月輪東山陵の東北に位置するため後月輪東北陵と名づけ、宮内大臣より公告する。

**十日から三日間**　葬儀の斎場や轜車の拝観を民衆にゆるし、陵の下方に遥拝所を設ける。天皇・皇后みずから英照皇太后陵に行幸したのは崩御後百日祭の四月十九日だった。

以上、『明治天皇紀』によれば英照皇太后の大葬は神道式で行われており、僧が関わったようすはない。しかし、長く皇室の菩提寺だった泉涌寺が何もしないわけがない。『泉涌寺史』によれば、二月四日、大宮御所に安置された柩の前で泉涌寺長老によって密儀（秘儀）が営まれた。同七日、柩が山陵に納められたときには泉涌寺長老が仏式の供養を行って引導を渡した。じつは大葬に先立って泉涌寺では『旧御葬式儀式書類』をまとめ、大葬が神式で行われるのはしかたがないとしても、旧来の仏式の儀式も採り入れられるように申し入れていた。前述したように皇族にも仏式の供養をしないことへの不安がある。そこで表向きは神道式ながら、ひそかに仏事も営まれたということであろう。

## 伝統はモダン化して再生する

英照皇太后の大葬は王政復古の明治に古式によって行われ、古代の古墳のような山陵も復活した。その復古とともに、軍装の儀仗隊や軍楽隊の吹奏など、新しい洋風の儀式が採り入れられた。古式の復興と西洋化は矛盾しているかのように思われるが、伝統は常に新しくつくりかえられ、モダン化されるものである。昔のままではなく、おりおりの「現在」に即した新風を吹き込むところに伝統が再生され、時代を動かす力にもなった。

英照皇太后の大葬は、古墳のような山陵と平安時代の正装である束帯、江戸時代の国学者たちが考えた神道、さらにヨーロッパの王室のセレモニーを採り入れ、「皇室ノ葬祭ハ純《もっぱ》ラ古式ヲ以テスル」という「新しい古式」として創案された。国旗の旗竿の先につける黒色の布、黒い喪章、黒い喪服も、それまでの素服《そふく》（染色していない白い喪服）ではなく欧米の風習を採り入れたもので、以後、喪章・喪服は黒になった。

現在の宮中行事の多くも明治時代につくられた。中世から近世にかけてほとんど途絶えていた「古式」が明治時代に「万世一系の皇統」という新しい伝説とともに再現されたのである。その最大のセレモニーが天皇の葬儀だった。

**明治天皇大葬の次第**

明治天皇の大葬は、おおむね英照皇太后の大葬に沿って式次第と調度、参列者の順序、雅楽団・儀仗隊や警備の人員と装備、霊柩列車の運行計画などが入念に準備された。

その大葬は次の日程で行われた。

**七月三十一日**　天皇・皇后、大行天皇《たいこう》（亡き天皇）の遺体が安置された殯宮《しんきゅう》におもむき親拝（拝訣の儀）。殯宮は常御所《つねのごしょ》（ふだんの居室）があてられ、遺体は純白の羽二重を敷いた仮床に安置された。

**八月一日**　遺体を御槽《おふね》（内棺）に入れ、蓋をする。

**五日**　御槽を霊柩に斂《おさ》める。

**八日**　十日祭を槻宮で行う。天皇・皇后・皇太后親拝。十日祭は仏事の初七日にあたる。以後、伏見桃山陵への埋葬までに二十日祭・三十日祭・四十日祭を行う。

**十三日**　殯宮移御《ひんきゅういぎょ》の儀。殯宮は斂葬《れんそう》の儀（本葬にあたる葬場殿の儀）まで霊柩を安置するところだ。御所の正殿内部の壁に白布を張り、白色の御簾や屛風を張り巡らせた内側に内槨《ないかく》（霊柩を奉安する室）をしつらえ、正面には白木の机の上に剣、左右に榊、菊灯籠などを置く。天皇・皇后・皇太后親拝。霊柩を出した常御所では祓除《ばつじょ》の儀（けがれのお祓い）。

**十四日**　殯宮移御翌日祭。天皇が誄《しのびごと》（追悼の言葉）を奏上。

**十九日**　伏見桃山の陵所で地鎮祭。

**二十四日**　臨時帝国議会、大喪費百五十四万五千三百八十九円を可決。

**二十七日**　追号奉告の儀。大行天皇に「明治天皇」と諡《おくりな》し、新天皇が霊前に奉告。

**九月十三日**　斂葬の儀。午後七時、轜《じ》車《しゃ》を五頭の牛がひいて殯宮を出て青山葬場殿に向かう。午後八時、二重橋を渡るころ、陸軍と品川沖の軍艦が弔砲、それに合わせて東京市内外の寺院が弔鐘を打ち鳴らす。

午後十時五十六分頃、轜車が葬場に到着。轜車は第一鳥居・第二鳥居を通って葬場殿前に張られた幔門《まんもん》の内に入り、霊柩を轜車から葬場殿にうつす。しばらくして天皇・皇后が幄舎に出御、皇太后名代以下皇族、イギリス皇帝名代、列国元首名代、特派大使・使節等

**明治天皇御大葬の葬場**　中央の鳥居の向こうにみえるのが柩を安置する葬場殿（『明治天皇御大喪儀写真帖』）

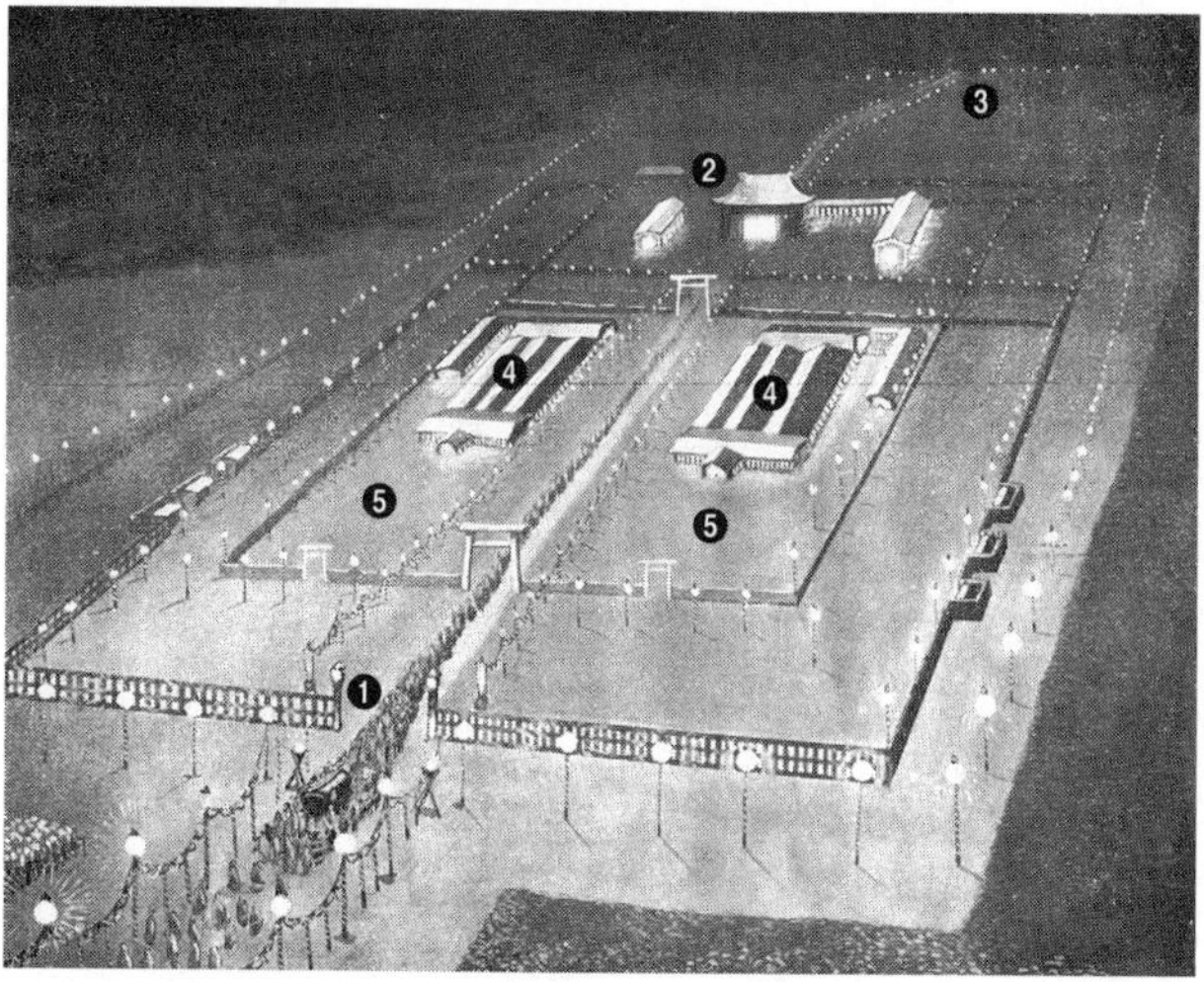


**青山葬場の図**　この図は轜車が青山葬場の総門を入るところ。すでに夜更けになり、点々と明かりがともる。❶総門　❷葬場殿　❸青山仮停車場　❹幄舎　❺公爵・各国使節等の馬車・自動車駐車場（『明治天皇御大葬御写真帖』）

**静岡県の安倍川鉄橋を渡る霊柩列車**（『明治天皇御大葬御写真帖』）

が着席し、十一時十五分に祭典開始。祭官副長正親町実正《おおぎまちさねまさ》以下の祭官らが神饌《しんせん》・幣物《へいもつ》（供物）をささげ、楽人たちが雅楽の誄歌《るいか》（葬送曲）を奏じる。祭官長鷹司煕通が祭詞の奏上を終えると、天皇が玉座を立って霊柩の前に進み、誄を読み上げた。

御名謹ミテ皇考《こうこう》（亡き天皇）ノ霊前ニ白《もう》ス
皇考ノ登遐《とうか》（崩御）シ給ヒシヨリ夙夜《しゅくや》夢《む》寐《び》温容ヲ諼《わする》ル能《あた》ハス（中略）痛悼《つうとう》ノ情倍《ます》マス切ナリ嗚呼《ああ》哀《かなし》イ哉《かな》

次に皇后と皇太后名代が拝礼。イギリス皇帝名代・各国特派大使、皇族の拝礼等と続き、誄歌吹奏のうちに神饌・幣物を撤去して葬場での式がすべて終了したのは日付も変わった午前零時四十分である。同刻、青山仮停車場で霊柩を乗せた列車が京都に向かって発車した。

**十四日**　大喪列車は霊柩列車を先頭に第一・第二の供奉列車にて編成し、天皇名代、大喪使総裁以下、供奉の人員が乗って

**桃山斎場の図**　おりからの雨のなかを葱華輦《そうかれん》の行列が仮停車場から陵所に進む。❶桃山仮停車場　❷陵道　❸祭場殿　❹御須屋　❺幄舎　❻奏楽所　❼神饌所　❽傾斜鉄道（ケーブルカー）

**傾斜鉄道**　柩をケーブルカーの台車にのせて引き上げた

（3点とも『明治天皇御大葬御写真帖』）

**伏見桃山陵の御須屋**
（『明治天皇御大喪儀写真帖』）

**伏見桃山陵の祭場殿**
左右に幄舎がある（同）

午前二時前後に発車。天皇・皇后が見送った。

列車は沼津・静岡・名古屋・大垣など東海道本線の主要駅に数分ずつ停車し、午後五時十分、桃山仮停車場に到着。沿線の住民が線路の両側に群集して大喪列車を見送った。

午後六時三十分、霊柩をうつした葱華輦《そうかれん》を八瀬童子《やせのどうじ》（天子の輿をかつぐ仕事を世襲してきた京都八瀬の村人）が担って陵所に向かう。七時三十五分、陵所に葱華輦が着く。霊柩を台車にうつして陵上の御須屋に引き上げ、四隅に神将の埴輪を据えつけた壙穴《こうけつ》の石槨《せっかく》に納める。「伏見桃山陵」の五字を刻んだ陵誌を納めたあと、大喪使総裁貞愛親王が壙穴に進んで礼拝し、手にした土を三度、石槨の上に置く。続いて清砂で壙穴を埋める。孝明天皇の陵は頂部が八角墳の形だったが、上円下方墳（下壇は一辺六十メートル）である。この埋柩の儀は一晩かかり、終わったのは翌日の午前七時だった。

**十五日**　埋柩の儀の終了後、午前九時から陵前祭。同五十五分、明治天皇大葬のすべての儀式を終えた。

この大葬には、それまでと大きく異なることがいくつもある。東京と京都の二ヵ所に分かれて行われたこと、泉涌寺が関わらずにまったく神道式に行われたことなどだが、なにより死穢《しえ》（死の穢れ）を避けて葬儀に出ることのなかった天皇が臨席したことが大きな変化である。ヨーロッパの王室や列国の特派大使を迎えた式場に大日本帝国の元首である天皇の姿がないのは不都合なためだろう。また、以前と違って大葬のもようがこまごまと公表されたので、新天皇の臨席はその存在を国民にアピールすることにもなった。

### 騒然とした世情

明治天皇は不例から大葬まで、新聞で大きく報道された点でも最初の天皇だった。政府は七月二十日の「御容体書」の発表以来、連日、病状を発表し、新聞も連日大きく報じた。東京朝日新聞の文芸担当記者だった生方敏郎《うぶかたとしろう》のまわりもにわかに騒然となったことを『明治大正見聞史』に書いている。

私はいつも自分が好んで腰掛ける隅の方の南向きの窓涯《まどぎわ》の机に倚《よ》って、文芸掛へ宛てて来ている通信や書信に一応眼を通し、少しずつ原稿をこども（雑用係）に持たせて工場へ送っていた。

その時だ。明治天皇――まだその時は今上陛下、御不例の通知が来たのは。（中略）従来、宮中のことは全く雲の上の生活であって、国民はそれについて、何事も見聞するの機会を与えられていなかった。然るに今度は旧来の風習を破って、陛下の御容態が毎日発表せられた。しかしそれは日々国民の憂いを増すばかりであった。（中略）一日一日と曇り日のような心持が日本国民全体の上に拡がって行った。（中略）月末になって、陛下はとうとうおかくれになった。六千万国民の憐れなる祈りも天に通じなかったのか、と嘆く人々が多かった。

夏目漱石も日記に大葬のことを記しているが、感情的な記述は少なく、新天皇の詔勅や首相・陸軍大臣などの奉答を淡々と書き写している。また、何を思うのか、大葬に用いられた柩や轜車の仕様を細かく書き残している（漱石の引用中の（　）は原文どおり）。

○七月三十一日　拝訣式並《ならび》に納棺式
御船《みふね》（内棺の事か）の厚さ七分、中棺は二寸、外棺は三寸。三棺の間はセメントを詰《つめ》込《こむ》。総体の長さ一丈、高さ三尺四寸、幅四尺。棺台の厚五寸、その上に白の薄縁《うすべり》、霊柩は台と共に白木の呉床《くれどこ》の上に安置し白羽二重を以て覆う。前に幅一尺五寸四方、高

**轜車**　霊柩を乗せる牛車（『明治天皇御大喪儀写真帖』）

**御輦**　屋根の上に葱の花の形の飾りがついているので葱華輦という（同）

一尺五寸四方位の根付《ねつき》の真榊《まさかき》一対と御忌火《いみび》、御神饌《ごしんせん》、御幣帛《ごへいはく》。

御船の中に入れる遺骸には白羽二重の清き衣、同じ枕、三《みつ》襲《がさね》の褥《しとね》、丹、その他の香具数種。

○八月一日

轜車《じしゃ》（牛車）

総体（御）黒塗にて、（御）寸法は英照皇太后陛下の（御）時より長大となり、（御）型は夕顔型なり。外側の大輪は七箇にて一輪の組矢二十一枚、左右と上部は栗色網代《あじろ》にて御簾《みす》は四箇所に垂下され、前後両面と左右の上部後方における二箇所にて竹は本磨《ほんみがき》、縁・編糸とも鈍色《にびいろ》、御簾の内側の御引立は四箇所とも近江表鼠色の平絹《ひらぎぬ》を用い、御引立の上部より垂下すべき簾は鈍色の精好、屋根裏は黒塗の格天井、御簾の上部に吊るすべき瓔珞《ようらく》はいずれも黄金色の御紋章菊花と花菱にて御榻《おんしじ》（台）は黒色の漆塗なり。御金具は全部黄金色なり。

御輦《ぎょれん》（青山より桃山まで）

御神輿に均《ひと》しきものにて、一名葱華輦《そうかれん》と申し総体黒色と為し、金具類は飾なき素銅、四方の御垂簾《ごすいれん》は本磨きの竹、組糸・縁、総て鈍色の絹を用い、四隅に鈍色平絹の御帷《おんとばり》を垂れ、御屋根四隅の尖端には絹糸の房を吊るし、竪添《たてそえ》棒《ぼう》・横添棒とも漆塗の黒にて屋根裏は格天井、垂木の末端には素銅の飾を附し、御輦の後部は観音扉也。扉の外面には御簾を垂る。

この葬場殿の儀の翌日、世間に大きな衝撃を与えたのが乃木希典と妻静子の殉死だった。

**乃木大将夫妻の殉死**

乃木希典は長州に生まれて戊辰戦争に従軍し、日清・日露戦争では前線で指揮をとった軍人である。日露戦争でロシア軍の旅順《りよじゆん》要塞を攻略する第三軍の司令官として多大な犠牲の末にロシアの旅順守備軍を投降させたことで知られる。明治天皇の崩御時には陸軍大将で、軍事参議官・学習院長だった。殉死したのは九月十四日未明、明治天皇の霊柩列車が青山仮停車場を発車した時刻だった。現在の港区赤坂の自邸二階八畳の間で宮城方向の窓辺の小机の上に明治天皇の写真を置いて榊を供え、奉悼と辞世の歌を詠む。

神あかりあかりましぬる大君《おおきみ》の　みあとはるかにをろかみまつる　（奉悼）

うつ志世《し》を神さりまし、大君の　みあと志たひて我はゆくなり　（乃木希典辞世）
出てましてかへりますの日のなしときく　けふの御幸《みゆき》に逢ふそかなしき　（静子奉悼）

これらの歌を亡き天皇にささげたのち、希典は軍刀で割腹し、さらに頸部を刺し貫いた。満六十二歳。静子は短刀で胸を突き自刃。五十二歳だった。

青山と赤坂は近い。乃木夫妻の殉死は霊柩列車を見送った人々に口伝えで伝わった。軍医総監を務めていた森鷗外は日記に「轜車に扈随して宮城より青山に至る。午後八時宮城を発し、十一時青山に至る。翌日午前二時青山を出でて帰る。途上乃木希典夫妻の死を説くものあり。予半信半疑す」と書いている。

十四日、鷗外は乃木邸に行き、検死に立ち会った。十五日には納棺式に行き、夜半に戻る。十六日、松本楽器店の名刺をもつ者が鷗外に乃木希典の歌を詠んでほしいと求めたが、これは拒絶した。

鷗外は短歌も多くつくった作家だが、自刃した乃木夫妻の凄惨な遺体を見れば、歌を詠む気分にはなれなかっただろう。しかし、同月十八日の青山斎場での葬儀までに短編歴史小説『興津弥五右衛門《おきつやごえもん》の遺書』を書き上げた。

時は江戸時代初期のこと、細川家の家臣興津が主君の一周忌に京都船岡山で殉死した。

「某《それがし》儀明日年来の宿望《しゅくもう》相達し候《そろ》て、(中略)御墓前において首尾《しゅび》よく切腹いたし候事と相成り候。しかれば子孫のため事の顚末《てんまつ》書き残しおきたく」と始まる。過去には多くの者が殉死したのをうらやましく思うとつづり、自分も切腹すると宣言したうえ、正保四年十二月二日、船岡山に老若男女が群集して見物するなかで切腹したという内容である。

**夏目漱石の『心』**

二年後の大正三年四月、漱石が朝日新聞に「心　先生の遺書」の連載を開始した。

主人公の「私」の父は「尿毒症が出ると、もう駄目」という病気で、家族は天皇不例を伝える新聞を読んで「勿体《もったい》ない話だが、天子さまの御病気も、お父さんとまあ似たものだらうな」と話した。

崩御の記事が出たとき、父は「あゝ、あゝ、天子様もとう〳〵御かくれになる。己《おれ》も……」といい、さらに乃木希典の殉死を知ると、朦朧《もうろう》とした意識のなかで、「乃木大将に済《す》まない。実に面目次第がない。いへ私もすぐ御後《おあと》から」と、うわごとのように言うようになった。そして、連載第百九・百十の原稿に、自身の自殺を予告する「先生」からの手紙の言葉として次のように書いている(新仮名遣いに改める／のちに刊行した長編小説『こころ』では「下　先生の遺書」五十五・五十六)。

夏の暑い盛りに明治天皇が崩御になりました。其時《そのとき》私は明治の精神が天皇に始まって天皇に終ったような気がしました。最も強く明治の影響を受けた私どもが、其後《そのあと》に生き残っているのは必竟《ひっきょう》時勢遅れだという感じが烈しく私の胸を打ちました。私は明白《あから》さまに妻《さい》にそう云いました。妻は笑って取り合いませんでしたが、何を思ったものか、突然私に、では殉死でもしたら可《よ》かろうと調戯《からか》いました。（百九）

私は殉死という言葉を殆《ほと》んど忘れていました。平生《へいぜい》使う必要のない字だから、記憶の底に沈んだ儘《まま》、腐れかけていたものと見えます。妻の笑談《じょうだん》を聞いて始めてそれを思い出した時、私は妻に向ってもし自分が殉死するならば、明治の精神に殉死する積《つも》りだと答えました。私の答も無論笑談に過ぎなかったのですが、私は其時何だか古い不要な言葉に新しい意義を盛り得たような心持がしたのです。

それから約一ヶ月程経ちました。御大葬の夜私は何時《いつ》もの通り書斎に坐って、相図の号砲を聞きました。私にはそれが明治が永久に去った報知のごとく聞こえました。後で考えると、それが乃木大将の永久に去った報知にもなっていたのです。（百十）

明治天皇の葬送とともに乃木が殉死したことは、明治という時代の終焉を実感させた。

しかし、当初は誰もが信じがたい思いだった。

志賀直哉は乃木殉死を聞いたとき、「馬鹿な奴だという気が、丁度下女かなにかが無考えに何かした時感ずる心持と同じような感じ方で感じられた」（同年九月十四日の日記）という。冷ややかな見方もあった殉死である。

**新聞社は大騒動**

生方敏郎『明治大正見聞史』には、大葬の記事づくりでごったがえしている東京朝日新聞の編集部に乃木殉死を通報する電話があったという。ところが、「悪戯《いたずら》もいい加減にしておけ」と相手にしなかったのだった。

この晩のように引き続き電話の来るのはこれまでにないことだった。

また外交部長のK君のすぐ前の電話が鳴った。K君は受話器を取って耳に当て、二言三言先方の言うのを聴いていたが、突然大きな声を出して、電話の相手を叱り飛ばした。

「冗談じゃないよ。こんな忙しい晩に、君は誰だか知らないが悪戯もいい加減にしておけ」（中略）

ものの三分ともたたないのに、再びK君の前の電話が鳴った。K君は筆を置き受話器を取って再び耳に当てた。とほとんど同時に、

「馬鹿ッ」

と編輯室中に響き渡るような大声を出して、先方を叱り飛ばして、こっちから話を切って受話器を下に置いた。（中略）

「乃木さんが自殺したと言うんだ。いい加減なことを言ったもんじゃないか」

とK君はまだ憤怒のためにいくらか息をはずませていた。

「誰がそんな馬鹿な電話をかけて来たんだ」

と誰かが訊いた。K君は筆を走らせながら、

「それがわかるものか。新聞社はこんな晩こそ忙しいと思って誰か悪戯《いたずら》にやっていやがるんだ」（中略）

だが、乃木さんが死んだということについては、誰一人、てんから問題にする者はなかった。

しかし、まもなく事実とわかり、新聞社では大葬にくわえて乃木殉死の報道に追われた。

## あゝ軍神乃木将軍

乃木大将の殉死は、記者にも印刷係にもすこぶる不評だった。口の悪い記者たちは夫妻が一緒に死んだことを「心中というにはいかにも艶がなさすぎらあ」と茶化した。今どき殉死とはバカげたことだという思いがあったうえ、いきなり多忙の種が出来したことに不平だったのである。生方『明治大正見聞史』には、こう書かれている。

「乃木大将は馬鹿だな」

と大声で、若い植字工が叫んだ。（中略）すぐその後から夕刊編輯主任のM君が、

「本当に馬鹿じゃわい。何も今夜あたり死なないたって、他の晩にしてくれりゃいいんだ。今夜は記事が十二頁にしても這入《はい》りきれないほどあり余っとるんじゃ」

といかにも残念そうに言った。（中略）

「ああ、いやだいやだ。いやだよいやだよ乃木さんは嫌だ。新聞記者泣かせの自殺なんかして。ナンテマガイインデショウ」

と変な声を出して、酔いどれ記者のBは歌った。（中略）

皆の口から乃木大将を非難する声が盛んに出て来た。ことに軍閥嫌いの、そして今でこそ社会主義万能論者ではなくなったが、錦輝館《きんきかん》の赤旗事件（明治四十一年、映画館

の錦輝館で開かれた社会主義者の集会で「無政府共産」「社会革命」などと書かれた赤旗をふり、荒《あら》畑寒村《はたかんそん》、大杉栄《おおすぎさかえ》などが検挙された弾圧事件）の頃にはその仲間でもあった文壇の名物男Y君等は、（中略）日露戦争当時における即ち旅順口包囲戦における大将の戦術を盛んに非難した。（中略）こうしてわいわい話しているところへ、社長がはいって来た。（中略）

「乃木が死んだってのう。馬鹿な奴だなあ」

ともかく探訪（取材）に行けということになったが、誰も疲れていて手をあげない。結局、文壇の名物男Y記者と生方敏郎の二人が、社長の自動車に乗せてもらえるという条件で引き受けた。それまで自動車というものに乗ったことのないY記者は上機嫌で、「何しろ二人の大文豪が、探訪に行ってつかわそうというのだからな。乃木大将は果報者だよ。はッはッはッ！」と哄笑した。

記者たちはこんな調子だったのだが、翌朝、各社の新聞を見た生方は驚いた。

まず自分の社の新聞をほとんど隅から隅まで読んだ。社会面の上の方の段は勿論《もちろん》御大葬の記事で埋っていたが、中段から四段抜きの大見出しで（中略）、軍神乃木将軍自殺す、という初号活字が第一に眼についた。誠忠無二の軍神乃木大将、すべて記事の文字は一頁より八頁まで、どこまで行っても常にこのような尊敬を極めた美しい言葉を以って綴《つづ》られてあった。それは他のどの新聞を見ても同様だった。（中略）

昨夜乃木将軍を馬鹿だと言った社長のもとに極力罵倒した編輯記者らの筆に依って起草され、職工殺しだと言った職工たちに活字に組まれ、（中略）出来上ったところは、「噫《ああ》軍神乃木将軍」である。私はあまりに世の中の表裏をここに見せつけられたのであった。

メディアが時流や世論に乗る方向で報道することは今も昔も変わらない。それにしても、あまりの表裏のギャップに記事を書いた当人も唖然としたのだった。

森鷗外も、新聞記者たちが仲間うちでは乃木をバカだと嘲笑していることを知っていただろう。その騒々しい報道のなかで『興津弥五右衛門の遺書』を一挙に書き上げたのは、浮薄な群衆に囲まれながら敢然と殉死した武士の姿に乃木を重ねたのだろう。

## 飴屋の笛の一声長く

新聞の報道がどうあれ、明治天皇の崩御と乃木大将の殉死は人それぞれに思い、それぞれの記憶に残された。作家の徳冨蘆花は、明治天皇の崩御の報道に接したときの心境を随筆集『みみずのたはこと』の「明治天皇崩御の前後」に次のように記している。

鬱陶《うっとう》しく、物悲しい日。

新聞は皆黒縁《くろぶち》だ。不図《ふと》新聞の一面に「睦仁《むつひと》」の二字を見つけた。下に「先帝御手跡」とある。孝明天皇の御筆かと思うたのは一瞬時《いっしゅんじ》、陛下は已《すで》に先帝とならせられたのであった。新帝陛下の御践祚《ごせんそ》があった。明治と云《い》う年号《ねんごう》は、昨日限り「大正《たいしょう》」と改められる、と云う事である。

陛下が崩御になれば年号も更《かわ》る。其《そ》れを知らぬではないが、余は明治と云う年号は永久につゞくものであるかの様に感じて居た。余は明治元年十月の生れである。（中略）余は明治の齢《よわい》を吾齢《わがよわい》と思い馴《な》れ、明治と同年だと誇りもし、恥じもして居た。

陛下の崩御は明治史の巻を閉じた。明治が大正となって、余は吾生涯が中断されたかの様に感じた。明治天皇が余の半生を持って往《い》ってしまいになったかの様に感じた。

物哀しい日。田圃《たんぼ》向うに飴屋が吹く笛の一声長く響いて、腸《はらわた》にしみ入る様だ。

この文中、年齢が「明治と同年だと誇りもし、恥じもして居た」というのは、当時の知識人がもったアンビヴァレント（相反的）な感情を映している。

前述したように、とくに知識人層には、天皇は必ずしも好意的に考えられていなかった。蘆花は天皇崇拝者だったが、大逆事件のときには激しく政府を批判した作家である。

しかし、明治天皇の大葬には、そんな感情を吹き飛ばす強いインパクトがあった。田山《たやま》花袋《かたい》は回顧録『東京の三十年』の「明治天皇の崩御」に、作家という自由人としての意思と天皇崇拝との間で揺れる思いをつづっている。花袋は明治天皇を「Mutsuhito the great（睦仁大帝）」と呼び、次のように書く。

明治天皇陛下、"Mutsuhito the great" 中興の英主、幼くして艱難《かんなん》に生い立たれて、種々の難関、危機を通過されて、日本を今日のような世界的の立派な文明に導かれた聖上《せいじょう》、その聖上の御一生を思うと、涙の滂沱《ぼうだ》たるを誰も覚えぬものはなかった。（中略）

西南の役、そこでは私の父親が戦死した。つづいて日清の役、日露の役には、私は写真班の一員として従軍して、八紘《はっこう》にかがやく御稜威《みいつ》の凜《りん》とした光景を眼《ま》のあたりに見て来た。（中略）私は思想としてはFree thinker（自由思想家）であるけれども、魂から言えば、矢張《やはり》大日本主義の一人である。

明治天皇の崩御は人それぞれにさまざまな感情を呼び起こしながら、まさに天下諒闇《てんかりょうあん》（全国民の服喪）となった。また、国家が営む儀式は神道式でも、国民はそれぞれの信仰や土地の風習によって亡き天皇の冥福を祈った。寺々はもちろん、キリスト教の教会も例外ではない。日本基督《キリスト》教会同盟（プロテスタント諸派の連合）は天皇の病状が伝えられると各教会で平癒の祈禱会を行い、青山での葬儀にも参列した。

そのころ東京郊外の北多摩郡千歳村《ちとせむら》（現在の東京都世田谷区）に暮らしていた徳冨蘆花は同年八月一日のことを前掲の「明治天皇崩御の前後」に次のように記している。

月の朔《ついたち》で、八幡様に神官が来て、お神酒《みき》が上る。諒闇中の御遠慮で、今日は太鼓も鳴らなかった。

今日から五日間お経をたてる、と云う言いつぎが来た。先帝の御冥福の為。

昔は多くの家に仏壇があり、朝夕にお経をあげる習わしがあった。蘆花が暮らした千歳村では、亡き天皇のためにお経をあげることが近隣で申し合わされたのだろう。

ところが、諒闇のことはそれだけで、八月一日の記述はもっぱら自宅の庭で起こった事件のことに費やされている。大きなヘビが鶏小屋の模型卵をのんだのだ。模型卵とは産卵をうながすために鶏小屋に置いた陶器製の卵である。

鶏小屋に大きな青大将が入って、模型卵をのんだ（中略）。五尺もある青大将が喉元を膨《ふく》らして、そこらをのたうち廻って居る。（中略）折から来合わして居たT君が、尻尾をつまんで鶏小屋から引ずり出すと、余が竹竿でたゝき殺した。竹で死体を扱いたら、ペロリと血だらけの模型卵を吐いた。此頃《このごろ》一向卵が出来ぬと思ったら、此《こ》先生が毎日召上ってお出《い》でたのだ。青大将の死骸は芥溜《ごみため》に捨てた。少し経って見たら、如何《どう》したのか見えなかった。復活して逃げたのかも知れぬ。

先に引用した崩御の報に接した日の文にも「田圃向うに飴屋が吹く笛の一声長く」という日常の情景が描かれている。世の中で大きな出来事があっても、いっぽうではこのような日常があった。明治天皇の崩御や乃木大将の殉死もさることながら、身近なところではヘビが模型卵をのんだことのほうが大事件だ。そうした人々の暮らしを乗せて、時代はゴトリと動いていくのだった。

# 第九章 大正天皇の生涯と大葬

## 東宮御所のニューファミリー

**青山御所で**　右から皇太子時代の大正天皇、迪宮《みちのみや》裕仁（のち昭和天皇）、淳宮《あつのみややすひと》雍仁（のち秩父宮）、左端は侍従。このような親子の情景は明治天皇までは見られなかった（『大正天皇御物語』）

## 皇室令の制定

明治天皇には十五人の子があった。皇后の一条《いちじょう》美子《はるこ》（昭憲《しょうけん》皇太后）に子はなかったが、典侍《てんじ》・権典侍《ごんのてんじ》という身分の側室に十五人の子が生まれた。男子は五人、女子は十人である。ところが、五人の男子のうち第一皇子は死産、三人は生後一年前後で夭折《ようせつ》。成人したのは第三皇子の明宮《はるのみや》嘉仁《よしひと》親王だけだった。十人の女子のうち六人も死産もしくは生後一、二年で早世し、成人したのは四人である。

明治二十年（一八八七）、実質的には唯一の皇子だった明宮が満八歳の誕生日を機に儲君《ちょくん》（世継ぎの君）とされた。生母は権典侍の柳原《やなぎわら》愛子《なるこ》だが、皇后の実子とされる。明治二十二年には立太子《りったいし》の儀を経て正式に皇嗣である皇太子になる。

歴史的には、内裏の後宮には中宮《ちゅうぐう》（皇后）のほかに女御《にょうご》・更衣《こうい》・典侍などの側室がいて、できるだけ多く子をもうけて皇嗣の絶えないようにする仕組みになっていた。この側室制度のために多くの皇子が成長することもあり、皇子というだけでは皇嗣になる資格はなかった。ある程度の年齢に育つのを待って親王宣下《せんげ》という形で親王の身分を与え、そのなかから皇嗣が選ばれたのである。

親王になるまでは単に「王」とよばれた。また、臣籍降下《しんせきこうか》（貴族の身分になること）や出家によって皇籍から離れた皇子もあった。

親王宣下の習わしは明治時代も続いていたが、明治二十二年に憲法とともに制定された皇室典範で「皇子より皇玄孫に至るまでは男を親王　女を内親王」（第三十一条）と定められ、皇子は生まれながらに親王、皇女は内親王になった。

典範は皇室の憲則で、それにともなう個別案件の法令は順次に制定された。皇室会議の細則を定めた皇族会議令（明治四十年公布）、践祚《せんそ》・即位の次第を定めた登極令《とうきょくれい》（同四十二年）、天皇や皇后の葬儀の大枠を定めた皇室服喪令《こうしつふくもれい》（同年）などのほか、皇室の財産の管理法、学習院の規定、皇族の服装に至るまで、「皇室令」と総称される多数の法規が制定された。それらは憲法とは別の皇室典範のもとでの法規で、議会は関与せず、天皇の勅令という形で制定された。

皇室令の制定は昭和二十二年の新憲法の施行まで継続したが、天皇の葬儀の形が法的に確定したのは大正天皇の崩御を目前にした大正十五年十月公布の皇室喪儀令・皇室陵墓令によってだった。そのとき、万世一系の皇統譜の作成と保管方法などを定めた皇統譜令、歌会始などの宮中の行事や菊の紋章を規定した皇室儀制令のほか、皇族就学令・皇族後見令・皇族遺言令が同時に公布されるなど、皇室に関する法令が整えられた。

また、同年十月には天皇の勅令によって国葬令が公布された。その第一条に「大喪儀ハ国葬トス」と定めている。大正天皇は、大帝ともよばれる明治天皇と昭和天皇にはさまれて在位期間も短かったために印象が薄い。しかし、現在の皇室制度が大成されたのは大正時代のことだった。天皇・皇后の一夫一婦制も大正天皇からである。

## 大正天皇の病状

大正天皇は、明治十二年(一八七九)八月三十一日に出生した。全身に疱瘡《とうそう》のような発疹があり、体質は虚弱だった。その後も、たびたび病気に苦しめられたことが満四十二歳の大正十年(一九二一)十一月二十五日に宮内省が発表した文にある。その年、皇太子の裕仁《ひろひと》親王(昭和天皇)が摂政になるにあたって大正天皇の病歴と現状を国民に説明したのである。

天皇陛下は御降誕後間もなく、脳膜炎様の御大患に罹《かか》らせられ、其《そ》の後常に御病患多く、(中略)胸膜炎等諸種の御悩《おなやみ》あらせられたるが、御壮年期に入らせたまひたるにより以来十二、三年間は格別の御大患なく、御動作も活発にあらせられたり。然《しか》るに御践祚後は政務御多端にあらせられ、之が為《た》め軫念《しんねん》(天子の心)を労したまひたる結果なるべきか、大正三、四年の頃より、御起居以前の如くならず、御姿勢は端整を欠き、御歩行は安定ならず、御言語には渋滞《じゅうたい》を来たす様《よう》ならせられたり。（中略）大正八年以後は万機御親裁あらせらる丶外、帝国議会の開院式等にも臨御あらせられず。御避暑、御避寒の期間は之を延長し、務めて御静養あらせたまふも、御軽快に向《むか》はせられず、御脳力は日を逐《お》ひて衰退あらせらる丶の御容体を拝するに至れり。（中略）御脳力の衰退は御幼少の時御悩み遊ばされたる御脳病に原因するものと拝察することは、拝診医の意見一致する所なり。（原武史『大正天皇』）

大正天皇の病状は大正九年三月の最初の発表から少しずつ公表され、これで五度目である。同年十月四日の四回目の発表にも「陛下は御幼少の時、脳膜炎様の疾患に罹らせられ」と精神疾患のあることを思わせる文言があったが、今回は「御脳力の衰退」と明言した。

そのころから遠眼鏡事件といわれる噂が立ち、ひそかに広まった。帝国議会の開院式にあたって詔勅を読み上げたとき、その詔書を丸めて望遠鏡のようにして議席を眺めたという。事実は、詔書をうまく巻けなかったので、ちょっと覗いて確かめたということのようである。しかし、皇太子の摂政就任に、国民は天皇の病気がそこまで重いのかと驚き、「御脳力の衰退」の症例として遠眼鏡事件の噂がひそひそと広まったのだった。

その年、皇太子裕仁は満二十歳、三月から九月にかけて欧州各国を歴訪し、イギリス王室などから華やかな歓迎をうけた。新聞は一斉に若々しい「摂政殿下」を称讃する報道に入り、大正天皇への関心を失った。宮内大臣牧野伸顕《まきののぶあき》のねらいが当たったのである。

そのころ、一九一七年（大正六）のロシア革命で社会主義政権が成立し、翌年には皇帝ニコライ二世一家が銃殺されるという事件が起こっていた。日本では前述の錦輝館赤旗事件（一九〇八年）や大逆事件（一九一〇年）などの弾圧があっても社会主義的論調は根強くあったので、ロシア革命の波及を政府は恐れた。とりわけ大正十年（一九二一）二月に宮内大臣に就任した牧野伸顕は強い危機感をもち、同年十一月、皇族会議の決定という形をとって摂政の設置にもちこんだのだった。天皇の実際の病状はそれほど重くなかったという。

いずれにせよ、先の発表に「御壮年期に入らせたまひたるにより以来十二、三年間は格別の御大患なく、御動作も活発にあらせられたり」というのだから、健康な時期も長かった。二十歳頃から三十四、五歳頃までは健康で活発だったのである。

## 大正天皇の皇室アルバム

大正天皇が「格別の御大患なく、御動作も活発」だった時期は、皇太子時代の結婚（一九〇〇年）から践祚（一九一二年）のころまでである。

婚儀は明治三十三年五月十日、皇太子嘉仁は二十歳、妃の九条節子《くじょうさだこ》（のちの貞明《ていめい》皇后／一八八四～一九五一年）は十五歳のときだった。前月に新しく神道式の婚儀の形を定めた皇室婚嫁令が公布され、宮中賢所の神前で婚儀が営まれた。これをきっかけに神前結婚式が民間でも行われるようになる。それまで一般の結婚式は両家の親族が集まる座敷で仲人が媒酌して三三九度の杯をかわすもので、いわば人前結婚式だったのだが、この皇太子の婚儀を機に神前結婚式が最先端の流行になった。それが世につれてキリスト教会での挙式が好まれるようになっても、もとより信心があってのことではないので問題はない。

**御成婚当日の皇太子嘉仁と節子妃**　明治33年5月10日（『皇室皇族聖鑑．大正篇』）

皇太子と節子妃は婚儀後の五月二十三日から六月二日まで伊勢・奈良・京都に巡啓した。天照大神をまつる伊勢神宮、初代天皇の神武天皇陵、祖父母にあたる孝明天皇と英照皇太后の陵に参拝して結婚を奉告する旅だったが、京都帝国大学や附属病院なども訪れた。病院では脊髄を患う少年や火傷を負った青年に話しかけて症状を問い、慰めた。

それまで、天皇・皇太子がそこにいる人に直接に声をかけるようなことはなかった。明治天皇の巡幸時には、民衆は遠くから見たり、あらかじめ選ばれた人だけが話すことを許されたのだが、皇太子嘉仁は自分から近づいて、そこにいる人に話しかけたのである。

そんなとき、皇太子は快活だった。原『大正天皇』には同年十月から十二月に九州を巡啓して学校や炭鉱、工場、田園などをめぐったときのエピソードが記されている。

皇太子は、明治天皇のようにただじっと黙ったまま見ていたわけではなかった。（中略）十月二十一日に九州鉄道で小倉から熊本に移動する際のことである。皇太子は同乗した福岡県知事に対して、県政についての質問もそこそこに「汝《なんじ》は烟草《たばこ》を好むや」と言って煙草を差し出し、知事をびっくりさせた。（中略）二十八日午後には、香《か》椎宮《しいぐう》境内で松茸狩りをしていたところ、あまりにとれるので「殊更《ことさら》に植《う》へしにはあらずや」と述べてヤラセを見抜き、関係者を慌《あわ》てさせた（中略）等々である。

この巡啓は訪問先に数日前に知らされる「微行（おしのび）」で、お召し列車は使わず、皇太子は黒のモーニングコートの平服だった。同伴したのは東宮大夫、侍医ら十一人。皇太子自身が『西巡日記』という記録を残している。

各地を実見して地理を学ぶ目的もあって同様の巡啓が大正元年の践祚まで繰り返され、

行き先は北海道・東北・北陸・四国・山陰・韓国などに及んだ。
その間に三人の皇子が出生した。迪宮《みちのみや》裕仁《ひろひと》親王（明治三十四年生／昭和天皇）、淳宮《あつのみや》雍仁《やすひと》親王（同三十五年／秩父宮）、光宮《てるのみや》宣仁《のぶひと》親王（同三十八年／高松宮《たかまつのみや》）である。さらに即位後に澄宮《すみのみや》崇仁《たかひと》親王（大正四年／三笠宮《みかさのみや》）が生まれ、皇子は四人になった。
これまで皇子は生まれるとすぐに生母から離し、公家の屋敷などに預けて育てられていた。大正天皇も外祖父の中山忠能《なかやまただやす》に預けられて六歳まで育てられ、以後は青山御所で養育係や教育係に囲まれて暮らした。大正天皇の子の迪宮も淳宮も習わしに従って里子に出されたが、明治三十七年（迪宮は三歳）に二人とも青山の東宮御所の隣の皇孫仮御殿《こうそんかりごてん》に戻された。大正天皇は皇子たちを自分のそばに置いて育てたのである。その生活を原『大正天皇』には次のようにいう。

地方巡啓から帰れば、皇太子には東宮御所や皇孫仮御殿での家族との団欒が待っていた。皇太子夫妻と三人の皇子との会食は、毎週水曜の夜は皇孫仮御殿、土曜の夜は東宮御所と一応決められており、時には侍従や女官が数名、別の食卓で陪食することもあった。

淳宮、後の秩父宮が見た実父の皇太子は、祖父の明治天皇とは全く違っていた。淳宮にとっての明治天皇は、「『こわい』『おそろしい』」存在であり、年に三回、春秋と誕生日には参内して面会しながら、ついに「一度も、祖父明治天皇の肉声をうかがったことがな」かった。ところが、皇太子ははるかに人間的であり、気さくな態度で皇子たちに接したという。

家族で過ごす皇太子は今日の皇室アルバムのように和《なご》やかで、ドイツ人医師ベルツが日記に「西洋の意味でいう本当の幸福な家庭生活」と記すニューファミリーだった。ところが、「明治大帝」から受け継いだ皇位は、大正天皇には重圧だった。大正四年に即位大礼と大嘗祭が京都で盛大に行われたほか、宮中祭祀や帝国議会の開院式をはじめ、厳格さをもとめられる数々の行事が天皇の身心を押しつぶし、健康は急速に悪化していった。

**葉山御用邸で崩御**

大正天皇は大正十五年八月から神奈川県三浦半島の葉山御用邸で療養した。御用邸に移ったころは別段の疲労もなかったのだが、九月には脳貧血様の症状が見られるようになり、秋の深まりとともに深刻化した。

宮内省では十一月十一日を最初に、その病状を頻繁に発表した。十二月八日に肺炎の症状が見られるようになってからは睡眠が過剰になり、食欲も減退。体温・脈拍ともに増進し、十四日になっても肺炎が改善しない。

この病状の発表をうけて東京市では「市民ノ赤誠《せきせい》ヲ進達スルノ便ヲ図リ、市役所及《および》各区役所ニ名簿ヲ備へ、十二月十六日午前九時ヨリ、一般市民ノ天機奉伺《てんきほうし》(天皇の機嫌を伺い快復を願うこと)ノ受付ヲナシ、聖上陛下ノ御全快ヲ祈リ奉ル」ことになった。各区も緊急区会を開いて「天機奉伺」の開始を議決した(東京市『大正天皇御大葬奉送誌』)。神社や寺々が一斉に玉体加持《ぎょくたいかじ》の祈禱に入ったことはいうまでもない。

小さな海辺の町である葉山には、お見舞いの皇族の自動車が次々にやったきたうえ、新聞記者たちが大騒動を繰り広げた。猪瀬直樹『天皇の影法師』には「当時、葉山には東京日日新聞社(現在の毎日新聞社)だけで三十名近い記者が常駐していた」といい、そのようすを次のように書いている。

政治部、社会部記者など各部記者が動員され、民家を一軒借り切り、蒲団を運び込み電話を急設した。民家を借りたのはもちろん、東京日日新聞社だけでなく、各社ともみなそうである。(中略)
容態報道は、報道各社の腕の見せどころで、部数拡張競争の一大決戦場、という趣きであった。だから、小さな町に二百人もの記者やカメラマンが押しかけ、取材競争が過熱する。八百屋や魚屋に化けてお局や雑仕と接触をはかろうとするものや、沖に漁船を出して釣りをよそおって双眼鏡で邸内の様子を探ろうとするものもあり、ついには邸内の縁の下にもぐりこもうとして猛犬に追いかけられた、などという伝説も生まれる始末だった。

この騒動に新たに参入したメディアがある。前年七月に今のＮＨＫの本放送が始まったばかりのラジオだ。当初は独自に取材する力はなく、音楽番組などの合間に流すニュースは各新聞の記事をそのまま読むだけだったのだが、天皇不例をきっかけにラジオ局でも独自の取材態勢をとるようになった。

こうした騒動のなかで十二月二十五日午前一時二十五分、大正天皇は崩じた。満年齢では四十七歳である。宮内省の「御容態書」によれば、肺炎の症状が二十四日朝から一段と増進、体温が四十一度まで上昇、脈拍はますます多く微細となり、呼吸はさらに逼迫して、ついに心臓麻痺により崩御したということである。

その病中の十月二十一日に皇室喪儀令と皇室陵墓令が公布された。

## 皇室喪儀令と皇室陵墓令

第八章「明治天皇の大葬」で述べたように、天皇の葬儀については明治四十二年公布の皇室服喪令で「大喪」と定め、諒闇《りょうあん》（服喪期間）は一年としたが、それにともなう儀式の次第については何も規定されていなかった。皇室喪儀令は、天皇・皇太后・皇后が崩御したときは追号を勅定《ちょくじょう》すること（第二条）、大喪使（大喪のための臨時の役所）の設置など、基本的には慣例的に行われてきたことを法令化したもので二十一条と附式から成る。なかでも重要な点は、大喪儀には天皇が喪主となる（第八条）と初めて喪主を天皇と明記したことである。平安時代から天皇は死穢《しえ》（死のけがれ）を避けて葬儀に臨むことはなかったのだが、明治天皇大葬のとき、その慣例を破って大正天皇が葬儀に列し、誄《しのびごと》（追悼文）を読み上げた。それを皇室喪儀令で成文化した。およそ千年の死穢の呪縛から解放されたのである。

附式には、殯宮移御《ひんきゅういぎょ》の儀（柩《ひつぎ》を奉安する儀式）に始まり斂葬《れんそう》の儀（本葬の告別式から埋葬までの儀式）、斂葬における葬場殿の儀、それに続く陵所の儀、山陵十日・二十日・三十日・四十日・五十日祭の儀から山陵一周年祭の儀、大葬をしめくくる大祓《おおはらえ》の儀まで一年間の儀式を規定している。平成二十八年八月のビデオメッセージで平成の天皇が「重い殯《もがり》の行事が連日ほぼ2ヶ月にわたって続き、その後喪儀に関連する行事が、1年間続きます」と語られていることである。

皇室陵墓令は天皇・皇太后・皇后の墳塋《ふんえい》を「陵」とし（第一条）、皇太子以下は「墓」とする（第二条）などの陵墓の規定で四十五条から成る。第五条に「陵形ハ上円下方又ハ円丘トス」とし、明治天皇・皇后陵の形を法的に正式とした。ただし、場所は京都ではなく「東京府及《およびこれ》之ニ隣接スル県ニ在ル御料地内」（第二十一条）とされ、現在の東京都八王子市の武蔵陵墓地（多摩御陵）がつくられることになった。

## 亡き天皇のための南無妙法蓮華経

大正天皇が十二月二十五日に崩じると、ただちに葉山御用邸において裕仁親王が践祚。元号は「昭和」と告示された。その後、皇室喪儀令と皇室陵墓令によって大葬が行われることになるが、遺体を霊柩に納める御舟入《おふねいり》（納棺）は葉山御用邸で行われた。そのとき、「南無妙法蓮華経」の題目または「南無阿弥陀仏」の念仏名号《ねんぶつみようごう》をいそいそと紙に書く職員の姿があった。

じつは大正天皇の療養中から生母の柳原愛子は日蓮宗大乗寺《だいじようじ》（東京都文京区）に参詣して病気平癒を祈っていた。愛子は昭和十八年に没し、墓は浄土宗祐天寺《ゆうてんじ》（東京都目黒区）にある。側室は皇族とされないので、仏式で埋葬されることに問題はなかった。『天皇と宗教』で山口輝臣は「このことは、奥と呼ばれる宮中の空間の主要な構成員が、どういった人びとであったかを教えてくれる。多くは亡くなれば仏葬、そして寺院内に葬られるような人たちであった」と述べ、次のようにいう。

そうした彼女たちのことである、心底祈らねばならぬような事態に遭遇すれば、寺院への祈願をためらうことはない。（中略）幼少期の嘉仁親王（大正天皇）は次々と病気に罹《かか》った。そのときに養育係を務めていた明治天皇の生母・中山慶子《なかやまよしこ》が願掛けしたのが、この大乗寺の鬼子母神《きしもじん》だったようだ。（中略）神とともに仏が天皇を護ってくれる——奥の女性たちはそう考え、その通りに実行することができた。

貞明《ていめい》皇后（大正天皇の皇后）についても「徹頭徹尾仏作仏行《ぶつさぶつぎょう》の御一生だった」という伝聞がある。宮中では隠しておかねばならないことだったが、貞明皇后の周辺は妹の九条紝子《くじょうきぬこ》が浄土真宗西本願寺法主の大谷家に嫁入りするなど、濃密に仏教色に彩られていた。奥の女性たちも実家に戻れば亡き父母や先祖のために仏前でお経をあげたり、盆・彼岸の墓参りをしたりしていたので、天皇の葬送でも古い習わしの「南無妙法蓮華経」や「南無阿弥陀仏」を欠くことはできないのだった。

侍医頭の入沢達吉《いりさわたつきち》は大正天皇の崩御の翌日も御用邸に行き、その日の日記に「皇后宮

（貞明皇太后）の御自身の御所願にて「南無妙法蓮華経」の文字を一枚の紙に四十八個認《したた》めたるもの（或は木印にて捺したるもの）多数を造る。予も一枚を書きたり」と記している。そうしたことから、山口はいう。

これにより、大正天皇の柩が安置された隣室で題目を認《したた》める作業が行われていたこと、そしてそれが貞明皇后の発願であったことが分かる。題目を写して大正天皇の供養をしていたのである。

では題目を記した紙はどうしたのだろうか。昭和三年三月、昭和天皇の第二皇女・久宮 祐子《ひさのみやさちこ》内親王が生後半年ばかりで亡くなった。ときの侍従次長・河井弥八《かわいやはち》は日記にこう記した。「法華題目を御棺中に納むべきやに付《つき》、奇異なる取扱あり。聖旨に依り、久宮殿下に対する各員の供養としては之を受くべきも、書付を焼却に決す。題目の外、念仏辞、弥栄《いやさか》等もあり」。昭和天皇の命により今回は焼却処分としたというのだが、それまでは法華題目を柩に納めてきたような書き振りである。

（小倉・山口『天皇と宗教』）

もしかしたら、大正天皇の柩には「南無妙法蓮華経」や「南無阿弥陀仏」と書かれた紙がぎっしりつまっているのかもしれない。昭和三年には聖旨（天皇の命）によって焼却処分されることになったのだが、その後はいかに聖旨であっても守られなかったようである。

昭和二十六年五月、貞明皇后が急死した。その御舟入り（納棺）の様子を、三笠宮崇仁親王妃百合子《ゆりこ》らがインタビューに答えて語っている。それによれば、柩が置かれたのとは別の部屋に墨と硯が用意されており、皇族から女官から誰から、ちょっとでも時間が空けば全員が南無妙法蓮華経とか南無阿弥陀仏と書くのだという。紙は半紙を一〇センチ×二〜三センチに切って、書いたものをおひねりにし、それらをいっぱいためてクッションのようにして柩にいれる。そして貞明皇后以降もした記憶がある。たしか高松宮宣仁親王のときだったか、と。（同『天皇と宗教』）

ここに記されているインタビューは工藤美代子が『母宮貞明皇后とその時代』（二〇〇七年）に書いていることである。高松宮が崩じたのは昭和六十二年（一九八七）、昭和天皇崩御の二年前である。では、昭和天皇のときはどうだったのか。その点はわからない。しかし、表向きの神仏分離とは別に、「天皇および天皇家は、基本的には、神仏という枠のなかで生きていた」（同『天皇と宗教』）。国民も、寺々で供養の法会を営んだりして大行天皇

（亡き天皇）の冥福を祈るなど、やはり神仏という枠のなかで生きていた。

天皇が帝国憲法の文言のとおりに尊崇されたわけでもない。大正天皇の即位の大礼のときには東京でもネオンサインで飾った奉祝門がつくられ、国民こぞって祝賀ムードになった。徳冨蘆花が暮らした千歳村でも八幡神社や学校で万歳をし、花火を打ち上げて祝ったが、その日の日記に蘆花は「嘉仁君の即位を祝して赤の飯を焚いた」と記している。蘆花にとって大正天皇は「嘉仁君」だった。しかし、裕仁親王（昭和天皇）が摂政になった大正十年頃から、そんな軽さは時勢が許さなくなる。大正天皇の大葬は、強まる全体主義の予兆であるかのような様相を呈することになった。

## 大正天皇の大葬

大正天皇の斂葬は、布告されたばかりの皇室喪儀令と皇室陵墓令によって昭和二年（一九二七）二月七日夜から八日の朝にかけて執り行われた。明治天皇・皇后の葬場になった青山練兵場は神宮外苑になっているので、今回の葬場は新宿御苑である。

葬列は宮城正門から出て虎ノ門・赤坂見附・青山を経て新宿御苑の正門まで約五・六キロ。その道を儀仗隊や軍楽隊、供奉の人々六千人の葬列は午後五時半に宮城を出て延々と進み、先頭が新宿御苑に着いたときに後尾はまだ宮城から出たばかりだった。

輀車《じしゃ》は午後六時に宮城を出る。陸軍近衛師団の弔砲百一発、品川に停泊の軍艦の弔砲四十八発、寺々は梵鐘を打ち鳴らす。

**葬場殿で誄を読む昭和天皇**　天皇は陸海軍を統帥する大元帥の正装。霊柩は輀車に乗せたまま奉安されている（『大正天皇御大葬奉送誌』）

**小学校での遥拝式**　午後11時の一斉遥拝（現・東京都千代田区の錦華小学校）

**市民の遥拝**
東京市神田区
（現・千代田区神田）

午後八時半、轜車が葬場殿に到着。九時から葬場殿の儀、喪主である新天皇の誄、若槻《わかつき》礼次《れいじ》郎《ろう》首相の弔辞の奏上などが続き、午後十一時、ラッパを合図に参列者が一斉に礼拝。

この時刻はあらかじめ全国に通告して各地の町内や学校に神道式の祭壇をもうけ、文部省は遥拝式のために「地にひれ伏して天地《あめつち》に」と歌う「大行天皇奉悼歌」をつくって各学校に配布していた。当日はラジオで時刻を報知して一斉に遥拝。走行中の汽車や電車も一分間停車した。

**大正天皇陵**　三壇の上円下方墳で高さ10.5m、下壇は一辺27m（東京都八王子市・武蔵陵墓地内）

午前零時、霊柩を葱華《そうか》輦《れん》（輿）に乗せて新宿御苑の仮停車場に運ぶ。陵所は皇室陵墓令の「東京府及《および》之《これ》ニ隣接スル県ニ在ル御料地内」という規定により武蔵陵墓地に造成されていた。

八日午前零時十五分、霊柩発靷《はつじん》（出発）。中央本線の東浅川仮停車場に午前一時二十分に到着。一時五十分、霊柩はふたたび葱華輦に乗せられて陵所に出発。五時、陵所の儀（埋葬式）開始。その陵を「多摩陵」と名づけ、六時四十分に一連の斂葬の儀を終了した。

以上の斂葬は陵所が東京近郊になったほかには明治

**大葬時の大正天皇陵**　❶陵の御須屋、❷斎場殿と御拝所、❸幄舎、❹神饌所など。現在の武蔵陵墓地には貞明皇后陵・昭和天皇陵・香淳皇后陵と合わせて四基の陵がある（『大正天皇御大葬奉送誌』）

天皇のときと基本的には変わらない。轜車は牛がひき、葱華輦は京都から来た八瀬《やせ》童子《どうじ》たちが担った。その後の昭和の世につながる大きな変化は、ラジオで実況中継されたことである。

## 国民を引き付けたラジオ

日本でのラジオ放送は大正十四年に東京・大阪・名古屋の三局で始まった。それが現在のＮＨＫになるのだが、当初の受信契約者は千数百人程度だった。一挙に増えたのは大正天皇の病状報道からである。そして、大正天皇の斂葬のとき、その実況中継を行ったのだった。

井上『天皇と葬儀』によれば、葬場からの中継は許可されなかったので、葬列の道筋の青山御所のそばに立てた灯籠のなかにマイクを潜ませて音を拾ったという。午後五時五十分から放送を開始、軍楽隊・雅楽隊・儀仗隊など延々と続く鹵簿《ろぼ》（行列）の音を電波で流し、アナウンサーが通過する部隊名や参列者の名を次々に告げた。

ピークは六時五十五分、マイクの前を牛にひかれた轜車が通り、その車輪の音を拾った。その轜車の通過に合わせて「気をつけぇ！」「脱帽！」といった号令の声が響く。

その後、ラジオはどんどん普及して歌番組やドラマが家庭の娯楽になっていく。それだけでなく、昭和十六年に「大本営陸海軍部、十二月八日午前六時発表」のアナウンスとともに伝えられた「帝国陸海軍ハ今《こん》八日未明、西太平洋ニ於《お》ヒテ、アメリカ、イギリス軍ト戦闘状態ニ入レリ」という真珠湾攻撃に国民は快哉《かいさい》を叫び、新聞も時流に乗っていっそう戦時色を強めた。その戦争を終わらせたのも二十年八月十五日の玉音放送である。

## 薄らいだ大正天皇の記憶

大正天皇の葬儀は小学生まで深夜に動員した一斉遥拝やラジオ中継によって全国で同時的に行われた。その後、一ヵ月間の拝観期間がもうけられた新宿御苑の葬場殿には一日二万人が訪れ、多摩御陵には毎日数万の参拝があったという。

しかし、大正天皇のことは世間の記憶から急速に薄らいでいく。その大きな理由は「明治大帝」の顕彰である。昭和二年には諒闇中にもかかわらず、十一月三日が明治節という新たな祝日になった。明治天皇の誕生日である。もともと天皇誕生日は天長節として祝われていたが、大正時代には大正天皇の誕生日（八月三十一日）が天長節になり、明治天皇のそれは廃止された。それが明治節の名で復活し、新年節・紀元節・昭和天皇天長節に加えて四大節といわれる重大行事になったのである。また、明治天皇の巡幸地を「聖蹟」として記念碑を立てるなど、各地で改めて顕彰されるようになった。

大正時代にはヨーロッパ諸国の都市を焼け野原にした第一次世界大戦（一九一四〜一九一八年）が起こり、戦車や戦闘機、機関銃などの新兵器の登場と大量生産によって世界は国家総力戦の時代を迎えた。その新たな脅威のなかで、幕末から明治にかけての国難を乗り越え、欧米列強に並ぶ国家を建設した「明治大帝」が顕彰されると、大正天皇の記憶は薄らいでいったのである。また、昭和天皇は明治大帝の偉業を引き継ぐ「大日本帝国」の天子であり、陸海軍を統帥する大元帥として君臨することを求められた。

そして戦後の占領期を経て昭和三十年頃に天皇のことが比較的自由に語られるようになると、大正天皇のことも思い出された。ところが、もっぱら噂の秘話だった遠眼鏡事件が興味ぶかくとりあげられたため、大正天皇といえば議会で詔書を丸めて眺めた天皇という印象で語られるようになった。

**大正天皇の4人の皇子**　大正10年9月、日光御用邸にて。左から摂政になったころの昭和天皇、三笠宮崇仁親王、高松宮宣仁親王、秩父宮雍仁親王（『皇室皇族聖鑑．大正篇』）

しかし、大正天皇がいなかったら、今の天皇家は続いていなかった。明治天皇には多くの側室がいたけれど、成人した男子は大正天皇だけである。もし、大正天皇が幼少年期に病没していたら、天皇家の男系男子の血筋は途絶えたかもしれない。

大正天皇に側室はなく一夫一婦のニューファミリーだったけれど、四人の皇子が成長した。それによって昭和天皇の弟宮《おとみや》に始まる三つの直宮《じきみや》家《け》が誕生し、天皇家の安泰がもたらされたのだった。

# 第十章

# 昭和天皇の時代

## 大戦を超えて

**戦後の地方巡幸**　昭和21年2月19日、昭和天皇は神奈川県に行幸。以後、戦災地を歴訪する。写真は横浜市内（朝日新聞社）

## 日の丸と「君が代」斉唱

迪宮《みちのみや》 裕仁《ひろひと》親王（一九〇一〜一九八九年）すなわち昭和天皇は、昭和元年十二月二十五日の践祚《せんそ》から昭和六十四年一月七日の崩御まで、在位は六十四年におよんだ。古代の神話の時代を除けば歴代最長である。さらに皇太子時代の大正十年に満二十歳で就任した摂政時期をたせば六十九年にもなる。

摂政就任の翌年の大正十一年七月六日、「摂政《せっしょう》 宮《のみや》 殿下」とよばれる皇太子裕仁は北海道巡啓に出発した。お召し列車は上野駅を八時十分に発車し、午後四時三十五分に仙台駅着。その間、宇都宮・白河・福島で停車し、皇太子は車窓に立って各県知事以下の奉迎をうけた。他の通過駅でも官公吏・地元名士・在郷軍人・学校その他の各種団体の奉迎をうける。「摂政宮殿下」は行啓においても天皇と同等であった。宿泊した仙台の偕行社《かいこうしゃ》（各地にあった陸軍将校の集会所・迎賓館）で皇太子は二階バルコニーから小中学生・青年団の提灯行列や奉迎の花火を見た。

七日午後五時三十分、青森駅着。八日午前六時、軍艦日向に乗って出港。松前沖を航行するときには人々が海岸に整列して奉迎。午後一時五十分、函館入港。函館公園で小学校と高等女学校生徒の運動競技を見たり、エゾマツ・イチイなどを植樹したりし、宿所の軍艦日向に戻る。

翌日は函館要塞に行く予定だったが、降雨・濃霧のため中止。函館公会堂に行き、バルコニーより小学校児童の旗行列を見る。

こうして各地で奉迎をうけながら北海道巡啓は小樽・札幌・旭川・網走・釧路・帯広・苫小牧などをめぐり、二十三日に室蘭港で軍艦日向に乗船して帰途につく。

以上の行程で盛りだくさんの奉迎行事や視察があった。ここにまたニュース映画という新しいメディアが登場していた。原武史『大正天皇』は、次のように指摘する。


　この行啓では、道庁の指令を受けた北海タイムス社の活動写真班が、すべての行程にわたって皇太子に随行し、その動きをくまなく撮影した。皇太子が東京に帰った七月二十五日からは、札幌、函館、旭川、室蘭などで上映会が開かれている。（中略）いまや活動写真、すなわち映画は、行啓になくてはならないメディアとなったのである。（中略）そしてこのような光景は、毎年繰り返された巡啓や行啓を通して、全国各地に拡大していったのである。

皇太子は同年十一月に神戸・高松・高知・徳島など四国各地・淡路島・和歌山に巡啓。

大正十五年五月の山陽地方まで巡啓を繰り返し、全ての道府県と台湾、樺太を訪れた。明治天皇の全国巡幸以来、それは天皇の存在を国民に知らしめるうえで絶大な効果があった。大正時代にはラジオと映画という新メディアが加わり、その効果をさらに高めた。

また、「摂政宮殿下」の最初の巡啓だった大正十一年の北海道巡啓には、各地の住民の提灯行列に加えて、それまでにない奉迎の光景が見られた。

七月九日、函館の十五の小学校の三年生以上九千名余と高等女学校生徒七百名余が整列して日の丸の小旗を振ったのである。また、同十七日に訪れた網走第一小学校グラウンドでは三千五百人が最敬礼のうえ「君が代」を歌い、万歳を叫んだ。原『大正天皇』には「日の丸の旗を振ったり、最敬礼して君が代を斉唱し、万歳を叫ぶという、大正末期から昭和初期にかけて日常化する光景が、このとき初めて大々的に現れた」という。

摂政就任からを昭和天皇の時代とするなら、それはこのような光景とともに始まり、戦時下の国家総動員体制のなかで「神州不滅」といった皇国思想がピークに達した。その太平洋戦争までの動きは割愛し、ここでは国体明徴《こくたいめいちょう》運動にしぼって取り上げたい。

国体明徴とは、日本の国体（近年の言い方では「美しい日本の国がら」）を明らかにするという意味である。国体という語は江戸時代の水戸学や国学で使われ、明治時代にもよく語られた。それが昭和十年代になって、さらに強調されるようになったのである。

## 天皇機関説と国体明徴声明

帝国憲法は第一条に「大日本帝国ハ万世一系ノ天皇之ヲ統治ス」としながら、第四条には「天皇ハ国ノ元首ニシテ統治権ヲ総攬《そうらん》シ此ノ憲法ノ条規ニ依《よ》リ之ヲ行フ」と天皇の統治権を憲法の規定によるものとしている。天皇は絶対の主権者なのか憲法の制限をうけるのかという問題をめぐって東京帝国大学教授で憲法学の美濃部《みのべ》達吉《たつきち》は、天皇も内閣も国家という組織の機関であるという「天皇機関説」を主張した。

その憲法解釈は広く受け入れられて『憲法講話』（一九一二年）、『憲法撮要』（一九二三年）などの美濃部の著述は憲法を学ぶ者の基本図書になった。

ところが、昭和十年（一九三五）、機関説は「天皇ハ神聖ニシテ侵スヘカラス」（帝国憲法第三条）という天皇の絶対性を侵す学説として議会で攻撃された。当時、貴族院議員だった美濃部は敢然と反論したが、反論すればするほど、反発が強まった。言葉の印象だけで「天皇を機関車みたいにいうのはけしからん」といった感情的反発も招いて、ついに美濃部は不敬罪で告発され、暴漢に襲われる事態にもなった。時の岡田《おかだ》啓介《けいすけ》内閣は「国体明徴に関する政府声明」を発し、美濃部の著書を発禁処分にする。いわゆる天皇機関説事件である。

それまで天皇機関説は何の問題もなかった。昭和天皇自身も憲法の枠内で大権を行使することを是としていたにもかかわらず弾圧されたのである。その翌年の昭和十一年には皇道派といわれる陸軍将校らが天皇絶対の復権を求めてクーデターを図り、二・二六事件を起こす。日本が急速に軍国化していった時期のことだった。

## 西洋の没落と東亜の興隆

当時の世界を大きく変えた出来事は、昭和天皇の摂政時代に起こった第一次世界大戦（一九一四～一九一八年）だった。戦車や機関銃などの新兵器を使って国家の総力をあげて戦われ、ヨーロッパ諸国に壊滅的な破壊をもたらした。その無惨な破壊を目の当たりにしたヨーロッパでは、この数百年の近代への深い懐疑が抱かれるようになる。

いっぽう、日本は連合国側で参戦し、中国にあったドイツの租借地を攻撃して接収するなど、漁夫の利のような利得を得た。世界大戦といっても戦場はほぼヨーロッパに限られていたので、日本にとっては対岸の火事のようなところがあった。

その日本でも、ヨーロッパでおこった「近代への懐疑」は知識人に大きな影響を与えた。そのころの動きを末木《すえき》文美士《ふみひこ》は『日本の思想をよむ』で次のようにいう。

明治期には欧米に追い付くことが至上命令であったが、昭和になるといささか風向きが変わる。第一次世界大戦を契機に、「西洋の没落」が深刻な問題となり、近代への懐疑が西欧世界を覆う。それを受けた日本の知識人の間では、没落した西洋に対して、これからの世界を牽引《けんいん》していくのは日本だという「世界史的使命」が語られるようになる。「近代の超克」(『文學界』)「世界史的立場と日本」(『中央公論』)(ともに一九四二年)という二つの雑誌の座談会が、戦争遂行へ向けて、イデオロギー形成に大きな力を発揮したことはよく知られている。

そして、「欧米諸国がどんなに威張っても、神の子孫が絶えることなく一貫して統治し続けたのは我が日本だけであり、その「国体」を臣民すべてが一丸となって守り、発揚していかなければならない」(末木)というのが国体明徴運動であった。

また、第一次大戦後には世界革命をめざすコミンテルン(共産主義インターナショナル)がモスクワで結成され、大正十一年には日本支部(日本共産党)が創立された。党員は少数で政治勢力としては小さなものだったが、影響は大きかった。

昭和三年二月の総選挙で共産党は「君主制の廃止」をスローガンにかかげる。そのため、三月十五日に政府は治安維持法によって共産党・日本労働農民党の党員ら千五百六十八人を一斉に検挙した（三・一五事件）。

治安維持法はソビエト連邦の成立（一九二二年）の影響によって社会主義運動が激化することに対処するために大正十四年に公布。その第一条に「国体ヲ変革シ又ハ私有財産制度ヲ否認スルコトヲ目的トシテ結社ヲ組織シ又ハ情ヲ知リテ之ニ加入シタル者ハ十年以下ノ懲役又ハ禁錮ニ処ス」と定めている。この治安維持法が適用された三・一五事件後、共産党は潰滅状態になるが、社会主義に共感する知識人は幅広く存在した。一九三二年（昭和七）にはモスクワでのコミンテルンに片山潜・野坂参三らが参加して「日本における情勢と日本共産党の任務に関するテーゼ（三二年テーゼ）」を決定し、機関紙『赤旗』で発表。その文中で打倒すべきものとしてあげた「絶対主義的天皇制」が「天皇制」という言葉の初例である。人民を抑圧する国家の構造として否定的な意味で使われた。

そして天皇機関説事件後、文部省が『国体の本義』という文書をまとめ、昭和十二年に刊行した。その第一章「大日本国体」は「大日本帝国は、万世一系の天皇、皇祖（天照大神）の神勅を奉じて永遠にこれを統治し給ふ」と国の始まりを古代の神話から語りおこし、「かくて天皇は、皇祖《こうそ》皇宗《こうそう》（歴代天皇）の御心のまに〳〵我が国を統治し給ふ現御神《あきつみかみ》であらせられる」という。

『国体の本義』は政府公刊の文書で初めて天皇を現人神《あらひとがみ》と表現したものとされるが、その趣旨は、日本の文化はギリシアに始まる西洋文明とは全く異なるというところにあった。現人神といっても、西洋人が考えるような神ではない。

現御神（明神《あきつかみ》）或《あるい》は現人神と申し奉るのは、所謂《いわゆる》（キリスト教の）絶対神とか、全知全能の神とかいふが如き意味の神とは異なり、皇祖皇宗がその神裔《しんえい》（神の子孫）であらせられる天皇に現れまし、天皇は皇祖皇宗と御一体であらせられ、永久に臣民・国土の生成発展の本源にましまし、限りなく尊く畏《かしこ》き御方であることを示すのである。

（第一章「大日本国体」）

『国体の本義』の編纂には黒板勝美・和辻哲郎・宇井伯寿・久松潜一ら、当時の代表的な哲学者や国史・国文学者が参加し、「政治次元の問題としてだけでなく、思想や文化の問題に立ち入って日本固有のあり方を追求した」（末木『日本の思想をよむ』）ものである。その「緒言」や「結語」に、「西洋近代思想の帰するところは、結局個人主義である」という。個人の価値を自覚させた功績はあるとはいえ、西洋の現実が示すように、幾多の問題を生じて社会主義・共産主義をうみ、「国家主義・民族主義たる最近の所謂ファッショ・ナチス等の思想・運動」もうんだと西洋思想を批判する。しかし、昭和十五年に日本はナチス・ドイツと同盟を結び、同十六年に太平洋戦争（当時の呼び方では「大東亜戦争」）に突入。そのとき、『国体の本義』は皇国思想の原理主義を支え、東条英機《とうじょうひでき》陸軍大臣（のち首相）が将兵に布達した『戦陣訓』（一九四一年一月）にもつながった。

夫《そ》れ戦陣は、大命に基き、皇軍の神髄を発揮し、攻むれば必ず取り、戦へば必ず勝ち、遍《あまね》く皇道を宣布し、敵をして仰いで御稜威《みいつ》の尊厳を感銘せしむる処なり。（中略）戦陣の将兵、宜《よろ》しく我が国体の本義を体得し、（中略）従容《しょうよう》として悠久の大義に生くることを悦びとすべし。（中略）生きて虜囚《りょしゅう》の辱《はずかしめ》を受けず、死して罪禍の汚名を残すこと勿《なか》れ。（中略）戦陣の将兵、須《すべから》く此《この》趣旨を体し、愈々《いよいよ》奉公の至誠を擢《ぬき》んで、克《よ》く軍人の本分を完《まっと》うして、皇恩の渥《あつ》きに答へ奉るべし。

「生きて虜囚の辱を受けず」という『戦陣訓』は戦況が絶望的に不利になっても投降を認めず、各地で部隊が全滅する悲劇を招いた。また、極端な天皇崇拝は国家神道というより「天皇教」というべきものになった。

### 全軍に即時無条件降伏を命じた玉音放送

昭和二十年三月十日、東京大空襲により八万人以上が焼死。同月、アメリカ軍が沖縄本島に上陸。八月六日、広島に原爆投下。同九日、長崎に原爆投下。この時点で他の主要都市もほとんどが空襲で焼け野原になっていた。

八月十四日、ついにポツダム宣言受諾を決定。そのときの御前会議のことが『昭和天皇実録』には次のように記されている。

三名（参謀総長・軍令部総長・陸相）の意見言上後、天皇は、国内外の現状、彼我《ひが》国力・戦力から判断して自ら戦争終結を決意したものにして、変わりはないこと、我が国体については外相の見解どおり先方（連合国）も認めていると解釈すること、敵の保障占領には一抹の不安なしとしないが、戦争を継続すれば国体も国家の将来もなくなること、これに反し、即時停戦すれば将来発展の根基は残ること、武装解除・戦争犯罪人の差し出しは堪え難きも、国家と国民の幸福のためには、三国干渉時の明治天皇の御決断に倣《なら》い、決心した旨を仰せられ、各員の賛成を求められる。また、陸海軍の統制の困難を予想され、自らラジオにて放送すべきことを述べられた後、速やかに詔書の渙発《かんぱつ》により心持ちを伝えることをお命じになる。

三国干渉は明治二十八年（一八九五）、日清戦争後に得た中国遼東半島の領有権をフランス・ドイツ・ロシアの三国の要求に屈してやむなく返還したことをさす。

また、「陸海軍の統制の困難を予想され」とあるのは、敗戦を認めない軍部や現地部隊の反乱が懸念されたからである。

よく日本を戦争に駆り立てたのは軍部の専横だといわれるが、そもそも軍部という部局があったわけではなく、特定の責任者がいたわけでもない。軍部とは陸海軍の上層部を漠然とさす言葉だった。陸軍士官学校・同大学校、海軍士官学校・同大学校を卒業したエリートが軍部を構成し、とりわけ同期生が強い結束意識をもっていた。その同期生や先輩・後輩にも多数の戦死者が出ると、今さら降伏するのは申し訳が立たないという気分があった。

しかし、天皇の戦争終結の決意は変わらず、将兵の反乱をおさえるために肉声の放送によって終戦を宣言することにしたのだった。

終戦の詔書はただちに作成され、天皇自身が読み上げてレコードに録音された。そして八月十五日正午、「朕《ちん》深ク世界ノ大勢ト帝国ノ現状トニ鑑《かんが》ミ非常ノ措置ヲ以《もっ》テ時局ヲ収拾セムト欲シ茲《ここ》ニ忠良ナル爾《なんじ》臣民ニ告ク　朕ハ帝国政府ヲシテ米英支蘇《べいえいしそ》四国ニ対シ其ノ共同宣言ヲ受諾スル旨通告セシメタリ」という天皇の肉声がラジオで流された。

米英支蘇（米英と中国・ソ連）四国の共同宣言とはポツダム宣言のことである。ドイツ降伏後にベルリン郊外のポツダムで行われた連合国首脳会議で日本の占領方針を宣言した。全日本軍の即時無条件降伏、戦争犯罪人の処罰、日本国民の自由な意志による平和的な政府の樹立を求めることなどの十三ヵ条で、それが実現されるまでは日本を占領するという。その受諾によって全部隊の無条件降伏と現地で武装解除に応じることが陸海軍に命じられた。

日本占領の主体はアメリカ軍で、八月三十日、アメリカ陸軍元帥のマッカーサーが連合国軍最高司令官として神奈川県の厚木飛行場に降り立った。

### はたして国体は守り得たのか

ポツダム宣言には天皇のことがまったく触れられていない。そのため軍部は、国体を守る保証がないとして強硬に国体護持を主張し、受諾に反対した。前述の御前会議の記述には「我が国体については外相の見解どおり先方も認めていると解釈する」とあるが、そのような保証はない。連合国の世論では天皇「ヒロヒト」は東条英機と並んでヒットラーと同じような残虐な独裁者だと考えられていた。ポツダム宣言にいう戦争犯罪人として告発され、死刑に処されることも考えられないことではなかった。

しかし、終戦の詔書の末尾には「国体を護持することができて」という文言がある。天皇および政府は、いったい何をもって国体が守られたと考えたのだろうか。
終戦の詔書は、もはや戦局の絶望的なこと、このまま交戦を継続すれば「我カ民族ノ滅亡」を招くだろうと告げたあと、結語として次のようにしたためられている。

惟《おも》フニ今後帝国ノ受クヘキ苦難ハ固《もと》ヨリ尋常ニアラス　爾臣民ノ衷情《ちゅうじょう》モ朕《ちん》善《よ》ク之ヲ知ル　然《しか》レトモ朕ハ時運ノ趨《おもむ》ク所　堪《た》ヘ難キヲ堪ヘ　忍ヒ難キヲ忍ヒ　以テ万世ノ為ニ太平ヲ開カムト欲ス

朕ハ茲ニ国体ヲ護持シ得テ忠良ナル爾臣民ノ赤誠《せきせい》ニ信倚《しんき》シ　常ニ爾臣民ト共ニ在リ若《も》シ夫《そ》レ情ノ激スル所　濫《みだり》ニ事端《じたん》ヲ滋《しげ》クシ或《あるい》ハ同胞排擠《はいせい》互ニ時局ヲ乱リ　為ニ大道ヲ誤リ　信義ヲ世界ニ失フカ如キハ朕最モ之ヲ戒ム　宜《よろ》シク挙国一家子孫相伝ヘ　確《かた》ク神州ノ不滅ヲ信シ　任《にん》重クシテ道遠キヲ念《おも》ヒ　総力ヲ将来ノ建設ニ傾ケ　道義ヲ篤《あつ》クシ志操《しそう》ヲ鞏《かた》クシ　誓テ国体ノ精華ヲ発揚《はつよう》シ　世界ノ進運ニ後レサラムコトヲ期スヘシ　爾臣民其《そ》レ克《よ》ク朕カ意ヲ体セヨ

（『昭和天皇実録』）

この文中の「国体ヲ護持シ得テ」の意味について『天皇と宗教』で山口輝臣はいう。

ここ（終戦）において護持すべき国体とはなんだったのだろうか。それはもはや護ることのできそうな最低限の国体、その芯ともいうべきものに限定される。すると「万世一系の天皇を戴く君主制」に舞い戻ってくる。日本側が最後まで固執した国体とはこれであり、（中略）この国体を象徴するのが三種の神器である——天皇はそう考えた。（中略）木戸幸一《きどこういち》内大臣は言う。三種の神器は「皇統二千六百有余年の象徴」であり、これを失えば国体の護持もできない。天皇は答える。伊勢のことは誠に重大であり、伊勢神宮の神鏡と熱田神宮の宝剣は、「万一の場合には自分が御守りして運命を共にする外ないと思ふ」。（中略）だれよりも国体に悩んだ昭和天皇による回答であった。

三種の神器のうち、宮中に置かれている鏡は伊勢神宮の八咫鏡《やたのかがみ》の形代《かたしろ》（霊代《たましろ》）、剣は熱田神宮の草薙《くさなぎ》の剣《つるぎ》の形代である。天皇は木造の御所からコンクリート造りの御文庫に移り、神器も防火施設内に移されていた。しかし、本物があってこその形代である。それが奪われたり破壊されたりしてはならない。伊勢も熱田もすでに空襲をうけていたうえ、海岸も近いので、米軍が伊勢湾に進攻してくれば神器を守るのは困難である。

『昭和天皇実録』によれば、七月一日、天皇は御文庫に内大臣木戸幸一を呼び、伊勢神宮と熱田神宮の神器の疎開を検討するように命じた。それにより、飛驒国一宮水無《みなし》神社が候補地とされ、八月五日・六日に陸軍と伊勢神宮の神官によって付近の山林が視察された。そして実際に疎開する前に八月十五日を迎えたので、その時点では神器は護持し得たことになる。しかし、なお情勢は予測不能であるため、熱田神宮の宝剣は八月二十二日に箱詰めし、九月十九日まで水無神社に疎開した。

かろうじて三種の神器が守られたことが「国体ヲ護持シ得テ」の意味だったのかどうか。皇居にも空襲があるなかで天皇は無事だったことだろうか。天皇が無事でも、神器を失えば天皇でありつづけることができるのだろうか。いずれにせよ、都市も工場も多くが焼失し、それだけは残ったといえる状況であった。

九月二日、降伏文書調印。これによって日本は連合国軍最高司令官総司令部（ＧＨＱ）の占領下に入り、日本政府はその指導下に置かれた。

九月二十七日、天皇が皇居お濠端《ほりばた》の第一生命ビルに置かれたＧＨＱを訪問し、マッカーサーと並んでいるところを米軍カメラマンが撮影した。この写真が新聞に掲載されると、国民に非常に大きな衝撃を与えた。天皇が会見のために相手を訪ねることさえ異例なのに、天皇はモーニングの正装で直立しているのに対し、マッカーサーはノーネクタイでラフな姿勢である。しかも、マッカーサーの身長は百八十センチくらいあり、天皇が小さく見える。そこには、意図的なのか偶然なのか、ひとつのトリックもあった。

左の写真は野崎六助『占領を知るための10章』に掲載されているもので、天皇とマッカーサーの立ち位置の差をわかりやすくするために爪先に矢印が付け加えられている。マッカーサーは天皇より数センチ手前に立っている。写真は遠近による大小を強調するので、この数センチの差によってマッカーサーはより大きく、天皇はより小さく写った。この写真は生殺与奪の権をGHQに握られたに等しい占領期の天皇の立場を端的に表していた。

**天皇とマッカーサー**　昭和20年9月27日、天皇が初めてGHQを訪問したときに撮影（野崎六助『占領を知るための10章』より）

その日の会談は四十五分に及んだ。『昭和天皇実録』には、後日、マッカーサーは「天皇が冒頭に戦争責任の問題を自ら持ち出され、自分が直接全責任を負い、自身の運命を聯合国最高司令官の判断に委ねる旨を発言された」と語ったという。

### 伊勢神宮と靖国神社参拝

昭和二十年十一月十二日から十五日まで、天皇は列車で三重・奈良・京都に行幸した。十三日に伊勢神宮、十四日に橿原神宮の神武天皇陵と伏見桃山の明治天皇陵に参拝し、戦争終結を奉告。往復の行程で通りかかった静岡・豊橋・四日市・熱田・岐阜・大垣などで列車を徐行させ、戦災のようすを車窓から見る。また、車中で各県知事から説明をうけた。天皇が地方の戦禍を目の当たりにしたのは、これが最初である。

十一月二十日、靖国神社の臨時大招魂祭に行幸し、玉串を供える。この臨時祭には内閣総理大臣幣原喜重郎《しではらきじゅうろう》以下、陸軍大臣・海軍大臣らの各官と遺族約千百名が拝礼。GHQでも民間情報教育局長ケネス・R・ダイクほか二名も参列した。

靖国神社は明治二年（一八六九）に創建された東京招魂社に始まる（同十二年に靖国神社と改称）。明治維新以来の戦争で死んだ軍人・軍属を合祀する神社で、国によって運営されてきた。

この臨時大招魂祭について『昭和天皇実録』は、近く解散が想定される陸海軍から「支那事変・大東亜戦争等のために死没した英霊への最後の奉仕として、本秋に大合紀祭の実施を熱望」されたためだという。ところが、靖国神社と宮内省は、いまだ戦死者の数も氏名も明らかではない段階で合祀することはできないと反対した。そこで、終戦にともなう非常措置として臨時招魂祭とし、その後に氏名が明らかになった軍人軍属等の戦死者は順次、合祀に加えていくことにした。

ともあれ、伊勢神宮の皇祖天照大神、人皇初代の神武天皇、明治天皇、そして戦場に倒れた幾多の霊に奉告することなしに戦争は終わらないのだった。

## 天皇の人間宣言と憲法・皇室典範の改正

昭和二十年十二月十五日、ＧＨＱは「神道指令」とよばれる覚書を政府に発した。その表題は「国家神道、神社神道ニ対スル政府ノ保証、支援、保全、監督並ニ弘布ノ廃止ニ関スル件」という。それは政府や地方の行政府が神社に公金を支出したり、国民に祭祀を強要したりすることを禁じた指令である。また、「国体の本義」「大東亜戦争」「八紘一宇《はっこういちう》」などの用語は過激な国家主義と切り離せないものとして公文書での記載を禁じた。とりわけ、教科書から即時に削除することを求め、該当の記述を読めなくする墨塗りが行われた。

しかし、排除の対象は政府が宗教ではないと解釈してきた国家による神道であり、天理教などの教派神道は別である。それらは個人の信条によるものなので保護すべき宗教とする。神社も国家から分離されれば、ひとつの宗教として認め、他の宗教と同様に許容されるとした。

この年の暮れから次の新年の詔書の内容が種々に検討された。後年、「天皇の人間宣言」とよばれるようになる詔書である。それは十二月初旬にGHQ民間情報教育局長ケネス・R・ダイクらが英文で草案をつくり、宮内大臣に作成を命じたものである。天皇にも草案を見せて五項目の草案を作成したが、GHQに消極的であるとして拒否された。

GHQは占領政策の安定のために天皇の存在が欠かせないとして維持する方針だったが、神道指令を発して天皇を神格化した皇国思想を排除していたので、天皇がみずから自身の神格を明確に否定する必要があった。また、連合国の世論では、日本人は愚かにも天皇を神だと信じて戦争を起こしたと理解されていた。来るべき戦争犯罪者の裁判から天皇を除外するためにも、天皇自身が平和を求めることを明確に宣言することが必要だった。

こうした状況のなかで内閣は協議と修正を繰り返し、詔書の案文が完成して天皇が裁可・署名したのは昭和二十年の大晦日午後三時五十分のことである。

明くる二十一年の元旦、その詔書が発せられた。冒頭は「茲《ここ》ニ新年ヲ迎フ。顧ミレバ明治天皇　明治ノ初《はじめ》国是トシテ五箇条ノ御誓文ヲ下シ給ヘリ」と始まり、「一、広ク会議ヲ興シ万機公論ニ決スヘシ」「一、旧来ノ陋習《ろうしゅう》ヲ破リ天地ノ公道ニ基クヘシ」等の誓文を掲げる。これは昭和天皇の意志によって冒頭に加えられた。

そして、「官民挙ゲテ平和主義ニ徹シ、教養豊カニ文化ヲ築キ、以テ民生ノ向上ヲ図リ、新日本ヲ建設スヘシ」と日本の再生を呼びかける。

この詔書で「人間宣言」とされる部分は次の文である。

朕ト爾等《なんじら》国民トノ間ノ紐帯《ちゅうたい》ハ、終始相互ノ信頼ト敬愛トニ依リテ結バレ、単ナル神話ト伝説トニ依リテ生ゼルモノニ非ズ。天皇ヲ以テ現御神《アキツミカミ》トシ、且《かつ》日本国民ヲ以テ他ノ民族ニ優越セル民族ニシテ、延《ひい》テ世界ヲ支配スベキ運命ヲ有ストノ架空ナル観念ニ基クモノニモ非ズ。

（『昭和天皇実録』）

この詔書は「新日本建設に関する詔書」等ともよばれるが、新聞や雑誌を通して「人間宣言」として知られるようになる。天皇にとっては近代日本の出発点になった明治天皇の「五箇条の御誓文」に戻って再出発する決意を表した言葉であった。

この詔書が発せられた日、GHQの指令で禁じられていた日の丸の掲揚が新年の三が日に限って許可された。そうして明けた昭和二十一年には、憲法改正作業が進められた。

三月二日、GHQの新憲法草案をもとに第一生命ビルの同司令部の一室で終戦連絡中央事務局次長白洲次郎《しらすじろう》、法制局第一部長佐藤達夫《さとうたつお》らが夜を徹して修正作業を進め、同日午後、作業を終えた。一方、首相官邸では朝から閣議を開き、司令部から順次送られてくる改正案について対応を協議した。GHQは改正案を日本側が自主的に立案したものとして発表するように求めていたことから政府の改正案要綱として発表することにする。また、帝国憲法第七十三条に憲法を改正するときは「勅命ヲ以テ議案ヲ帝国議会ノ議ニ付ス」と定められていることから首相が奏上して勅語を仰ぎ、天皇の意志による改正案とすることを決定した。

同四日、改正案をGHQに提出。同五日、内閣総理大臣幣原喜重郎と国務大臣松本烝治が改正案を天皇に奏上し、一時間半にわたって説明した。天皇は内閣に一任することを了承するとともに憲法改正を下命する勅語を首相に与えた。

朕曩《さき》ニポツダム宣言ヲ受諾セルニ伴ヒ　日本国政治ノ最終ノ形態ハ日本国民ノ自由ニ表明シタル意思ニ依リ決定セラルベキモノナルニ顧ミ　日本国民ガ正義ノ自覚ニ依リテ平和ノ生活ヲ享有シ文化ノ向上ヲ希求シ　進ンデ戦争ヲ抛棄《ほうき》シテ誼ヲ万邦ニ修ムルノ決意ナルヲ念《おも》ヒ　乃チ国民ノ総意ヲ基調トシ　人格ノ基本的権利ヲ尊重スルノ主義ニ則リ憲法ニ根本的ノ改正ヲ加ヘ　以テ国家再建ノ礎ヲ定メムコトヲ庶幾《こいねが》フ　政府当局其《そ》レ克《よ》ク朕ノ意ヲ体シ必ズ此ノ目的ヲ達成セムコトヲ期セヨ

（『昭和天皇実録』）

こうして立案された日本国憲法は、帝国議会衆議院・貴族院の議決をへて同年十一月三日に告示、翌年五月三日に施行されることになった。あわせて現在の皇室典範が制定され、新憲法と同時に施行される。

日本国憲法の第一条には「天皇は、日本国の象徴であり日本国民統合の象徴であつて、この地位は、主権の存する日本国民の総意に基く」と定められている。皇位継承については第二条に「皇位は、世襲のものであつて、国会の議決した皇室典範の定めるところにより、これを継承する」として、具体的には皇室典範によるものとする。

戦後の皇室典範は旧典範と同じく「皇位は、皇統に属する男系の男子が、これを継承する」(第一条)と男系男子による皇位継承を定めている。また、「天皇が崩じたときは、皇嗣が、直ちに即位する」(第四条)というのも旧典範と同じで、生前の譲位についての規定はない。よって、在位は終生となる。

しかし、憲法との関係は新旧の皇室典範で本質的に異なっている。帝国憲法は国民を「臣民」と呼び、臣民の最高法規であった。天皇・皇族は臣民ではないので、帝国憲法とは別に皇室典範が皇室の家憲として定められた。

戦後の皇室典範は、他の一般の法律と同じく、唯一の最高法規である憲法の下位に置かれる。すると、人権の尊重や政教分離を原則とする憲法の規定が天皇・皇族にも適用されなければならないことになる。では、天皇・皇族も国民の一員なのかといえば、そうともいえない。たとえば皇族は皇統譜に記載され、その皇籍を離脱するまでは本籍も戸籍もない。ゆえに、選挙権も被選挙権もないのである。天皇・皇族は一般の国民とは別で、かならずしも憲法の適用をうけない。このような齟齬《そご》が唯一の最高法規である憲法のもとで許されるのだろうか。この問題が大きく浮上したのは昭和天皇の大葬のときだったので、第十一章「昭和天皇の大葬」で改めて触れる。

なお、信教の自由と政教分離を原則とする新憲法の施行によって、国や自治体の関与した国幣・官幣神社等は廃止され、それぞれ宗教法人の神社として独立。それらを組織する団体として全国約八万社が加盟する神社本庁が設立された。伊勢神宮を中心とするが、本部は明治神宮の隣にある。また、各都道府県に地方機関として神社庁を置いている。国の省庁と紛らわしい名称だが、民間の宗教法人の連合体である。

## 焼け跡からの再出発

戦後、天皇は日本国憲法によって「日本国民統合の象徴」ということになった。しかし、憲法に象徴だと規定しても、それだけでは内実をともなわない。言論界では「象徴とは何か」ということが盛んに議論されたが、内実がないことをいくら議論しても、論はむやみに抽象的で難渋なものにならざるを得ず、結局はよくわからないということになる。

昭和天皇は、明治天皇が維新後に全国を巡幸したように、そしてもっぱら戊辰戦争に敗れた北陸・東北地方を巡ったように、戦災にあった都市を巡幸することを始めた。

昭和天皇の罹災地への行幸は、昭和二十一年二月十九日・二十日の両日、神奈川県を訪問したのが最初だった。それぞれ日帰りで、一日目は自動車で川崎・横浜方面に出向き、焼失した小学校跡の戦災者用の共同宿舎、ヤミ市、県庁などを訪問。二日目は列車で横須賀・久里浜方面に行き、引揚援護所、国立病院などを巡った。

これに先立ち、宮内省では以下のように行幸の方針を立てた。民業に支障がないように特別の制限は行わず、天皇と民衆が身近に接することができるようにする。天皇の服装は平服。随員等の鹵簿《ろぼ》（行列）は簡略にする。新聞記者等の報道、写真撮影は自由。下問には直接に答えてよい、などである。

同月二十八日と三月一日、東京都内に行幸し焼け跡の整地作業などを見る。

三月二十四日・二十五日、群馬県行幸。同二十八日、埼玉県行幸。

同三十一日の夜、天皇は今後の行幸先は戦災地・復員軍人収容所を主とすることにし、本年中に全国を一巡したいので、その計画を立案するよう侍従に命じた。本年中の全国一巡は不可能だったけれど、この年四十五歳の天皇は精力的に地方巡幸を続けた。

ちなみに四月二十九日の天長節（天皇誕生日）にはGHQの許可を得て日章旗を掲げてよいことになった。しかし、この日は東条英機ら二十八名が「平和ニ対スル罪」をおかした者（A級戦犯）として極東国際軍事裁判（東京裁判）で起訴された日でもあった。

六月六日・七日、千葉県成田・佐原方面へ行幸。それまで一泊以上の行幸には剣璽（神器の剣と勾玉）も天皇とともに移動したが、このときから廃止。剣璽が移動すれば、そのための随員を要するし、列車の編成では特別に一両が必要なためである。また、戦争で天皇に恨みをいだく人も多くいた時期のことである。警備の面でも鹵簿の規模を小さくする必要があった。

地方巡幸は翌年も引き続き行われた。昭和二十二年八月五日には東北地方への巡幸に出発したが、おりから東北地方は六月からの豪雨で、宮城・岩手・青森・山形各県で水害が発生。宿泊所では予定されていた郷土芸能などの天覧はさしひかえ、各県に被害に応じて救恤《きゅうじゅっ》金《きん》（義捐金）を支出。日程の変更も検討されたが、「被害を受けた人々等を励まされるため、日程どおりの御出発となる」（『昭和天皇実録』）。

十一月二十六日から翌月十二日までの長期にわたって中国地方巡幸。広島の被爆地も訪問した。

ところが、この巡幸から、地方巡幸が中止になった。その理由は、岡山・兵庫県境あたりの沿線で住民が日の丸を掲げて奉迎したことをGHQ民政局が日章旗禁止の指令違反としたこと、巡幸に多大の費用がかかること、東京裁判において天皇の退位問題が浮上していることであった。

明くる昭和二十三年一月一日、史上初めて新年一般参賀が行われた。正午から午後四時までの予定だったが、開始時刻前に大勢の参賀者が集まったために十五分早めて開門。参賀者は推定七、八万人、参賀簿の署名はほぼ二万人に達した。二日には午前九時から一般参賀を開始。午後一時頃、参賀者が長蛇の列をなしたため、天皇は内廷庁舎（旧侍医寮）の屋上に上がり、万歳奉唱する参賀者に帽子を振って応えた。

この正月以降は自由に国旗を掲揚してよいことになる。ただし、日の丸や国歌「君が代」を戦争につながるものとして忌避する感情も広まり、今もぬぐいきれていない。

同年十二月二十三日、東京裁判で絞首刑の判決をうけた東条英機・広田弘毅ら七人が処刑された。皇太子明仁《あきひと》（平成の天皇）の十五歳の誕生日のことである。

この年、天皇の地方巡幸は行われなかった。再開されたのは翌二十四年五月十七日に出発した九州巡幸からである。それは六月十二日まで、ほぼ一ヵ月におよぶ巡幸で、長崎の被爆地も訪れた。

再開に先立ち、四月一日に内閣は関係府庁に地方巡幸に関する通達を出した。

「その内容は、地方への行幸は国民のありのままの姿に接せられることを本旨とするので諸事簡素を第一にお迎えすること、行幸のために特に工事営繕は行わないこと、道府県・市町村その他団体等は行幸に関する経費を原則として計上しないこと、宿泊所となる一般旅館において調度・設備等の新調は差し控え、御食事は各地方において容易に調製しうる簡素なものにすること、現地の随従者等は必要不可欠の範囲とすること、献上は差し控えること、警衛は国民との節度のある円滑な接触に意を用いて行うこと等である」(『昭和天皇実録』)

地方への行幸は平成の天皇にも引き継がれ、沖縄、硫黄島、サイパン、ペリリュー島など、太平洋戦争の激戦地に及んだ。震災の被災地訪問など、災害に見舞われた人々を慰問して親しく接する天皇の姿も、戦後の昭和天皇からである。都道府県持ち回りの国体や全国植樹祭も戦後に始まった催しで、天皇・皇后が臨席する。

そうして天皇は「日本国民統合の象徴」になった。なかでも太平洋戦争の激戦地で慰霊碑に献花し、深々と頭を下げる平成の天皇・皇后の姿は、あたかも巡礼者のようであり、国内外の多くの人の共感を呼んだ。

今日、天皇は国民の圧倒的な支持をうけている。近年の憲法改正をめぐる論議のなかでも、このさい天皇制を廃止してはどうかという意見は聞かれない。戦後まもなく、新憲法で「国民統合の象徴」とうたわれても天皇の地位が不安定だったころを思えば隔世の感がある。

## 昭和天皇の戦争責任と退位問題

昭和二十一年二月二十七日、天皇が退位の意向だと読売報知新聞が報じた。「天皇が御自身で自己の戦争責任を引受けられるため」だといい、「皇族方は挙げて賛成　反対派には首相や宮相」という大見出しを掲げた。この報道は一時的な問題で収まったが、新憲法の施行後にも退位問題が起こった。

戦後の皇室典範は旧典範と同じく、生前の譲位についての規定をしないことによって、在位は終生とした。戦後、退位を認めれば天皇の戦争責任を問われて裁判にかけられる事態になりかねないため、憲法にも皇室典範にも退位の規定は入れられなかった。

しかし、皇室典範に退位の規定がないからといって、それができないわけではない。現在は高齢の天皇に公務の負担が大きすぎるという事情から特例法が制定され、退位が可能になった。敗戦後は天皇の責任が国内外で問われ、退位も論議されたのだった。

そのことは昭和二十三年六月に宮内府（今の宮内庁）長官に就任した田島道治《たじまみちじ》の日記を中心に当時の状況を調べ上げた加藤恭子『田島道治』「第十八章　天皇の「戦争責任」」に詳

しく記されている。

そのころ、アメリカの新聞や雑誌では天皇を有罪として退位を主張する記事が書き立てられていた。日本国内でも天皇の戦争責任を問い、天皇制廃止を要求する声があった。GHQは占領政策の安定のために天皇の存在が欠かせないとして天皇の戦争責任を問わなかったが、同年十一月十二日に東京裁判でA級戦犯七人に絞首刑の判決が出され、十二月二十三日に処刑。天皇自身も何らかの「お詫び」をしなければならないと考えられた。加藤恭子によれば、天皇の苦悩を身近に見ていた田島道治は、その詔書の文案を書いた。それは「〝退位文書〟に近似した内容と性格を持つものであったのではないかと思われる」と推察しているが、告示されることなく幻の詔書に終わった。

というのは、マッカーサーが天皇を退位させてはならないという趣旨のメッセージを政府に送っていたらしい。そのメッセージそのものは未発見だが、それに対する返書が存在する。東京裁判判決の日である十一月十二日付で田島道治がマッカーサーに宛てた英語の書簡である。そこに天皇の言葉として「いまやわたくしは、一層の決意をもって、万難を排し日本の国家再建を速やかならしめるため、国民と力を合わせ最善を尽くす所存であります」（秦郁彦訳）といい、在位を継続することを伝えた。

そして昭和二十六年九月八日、サンフランシスコ講和条約調印、翌年四月二十八日、発効。それによりGHQは廃止され、日本はおよそ七年におよぶ被占領下を脱して独立国としての地位と主権を回復した。これを機に昭和天皇の退位がふたたび論じられたのだが、それも見送られた。

## 千鳥ヶ淵墓苑と靖国神社への参拝

昭和六十三年、八十七歳の天皇は夏から初秋にかけて栃木県那須の御用邸で過ごした。高齢に加えて慢性膵臓炎があり、体調は衰えていたが、八月十五日には東京にいったん戻って千鳥ヶ淵の全国戦没者追悼式に臨席した。

その追悼式では正午の時報とともに全員が黙禱、天皇が式台の前で追悼の言葉を読むのが習わしである。天皇は手すりにすがって式台の前まで歩み、追悼文を読み上げた。

千鳥ヶ淵戦没者墓苑は皇居に隣接する公園にある環境省所管の国立墓地である。日本が独立を回復した後の昭和二十八年から海外の戦場での遺骨収集が始まったが、引き取り手のない遺骨も多い。そうした遺骨を納めるために昭和三十四年、国によってつくられたのが千鳥ヶ淵戦没者墓苑だ。民間の戦没者を含めて三十六万人余という遺骨が埋葬され、政府主催の拝礼式とは別に仏教各宗や戦没者慰霊団体によって折々に追悼式が行われている。

この墓苑から数百メートルのところに靖国神社があり、やはり終戦の日の催しがある。

多くの参拝者が訪れるが、この年、昭和天皇の参拝はなかった。

戦後、靖国神社は新憲法の政教分離原則によって国による運営から離れ、民間の宗教法人である神社になった。親拝（天皇自身の参拝）は昭和五十年が最後になり、以後は勅使の派遣のみになった。戦後の親拝は前述の昭和二十年の臨時大招魂祭を最初として数年おきにあり、計八回である。親拝が取りやめられたのは、宮内庁長官富田《とみた》朝彦《ともひこ》のメモや侍従の卜部《うらべ》亮吾《りょうご》の日記によって靖国神社のありかたに違和感をもたれたためといわれる。

いずれにせよ、宗教法人の靖国神社の運営に国や自治体が介入することは許されない。ただし、言論は自由なので、靖国神社のありかたについては首相や国会議員の参拝の是非を含めて賛否両論があり、論争が続いている。

# 第十一章
# 昭和天皇の大葬
## 新憲法のもとで

**斎場に向かう轜車**　轜車は伝統の牛車ではなく黒塗りの霊柩車になった。戦前を思い出させる伝統色を薄めるとともに、大葬に反対する過激派が火炎ビンを投げ込むと牛が驚いて暴走する心配があるためだった（皇居前広場／共同通信社）

## 昭和天皇の崩御

昭和六十三年八月十五日の千鳥ヶ淵での戦没者追悼式から那須に戻った天皇は、御用邸で静かに過ごした。

秋立ちて木々の梢に涼しくも　ひぐらしのなく那須のゆふぐれ

あかげらの叩く音するあさまだき　音たえてさびしうつりしならむ

これは宮内庁侍従職編『おほうなばら　昭和天皇御製集』の最後の二首である。アカゲラはキツツキの一種で、ココココーッと連続的に木をつつく。その音がふいに聞こえなくなった朝まだきの静けさは深い。

天皇は九月初旬に那須から皇居に戻った。九月十八日から発熱し、大相撲秋場所の観戦を中止。にわかにマスコミが天皇の病状悪化を伝えるようになり、宮内庁に記者が殺到する。それに対応するため、宮内庁は二十日午前三時に記者会見を開き、天皇は吐血のために緊急治療をうけたと発表。二十一日には侍医団による記者会見を開き、質問に答えた。

侍医長だった高木顯の『昭和天皇最後の百十一日』によれば、貧血と黄疸があるが症状は落ち着いている。しかし、膵臓が腫大して胆道閉塞の兆候があったという。

翌日からマスコミは連日、天皇の病状を報じ、秋祭りや商店街のセールなど各種のイベントの中止、テレビのバラエティ番組の中止など、全国一斉に自粛が始まった。また、皇居で一般のお見舞いの記帳がはじまり、神社や寺々では平癒の祈禱を行った。

天皇は十二指腸腺癌であった。十二月には深刻な病状となり、商店街のクリスマスや歳末セールも中止になった。明けて昭和六十四年正月二日の一般参賀は記帳のみで終わる。

同一月七日午前六時三十三分、昭和天皇は八十七歳で崩じた。

天皇崩御のニュースは、明治天皇のときは新聞の号外、大正天皇のときはラジオ、そして昭和天皇のときは崩御とほぼ同時にテレビの速報で報じられた。そして、午前八時前に小渕恵三官房長官、藤森昭一宮内庁長官が記者会見を開いて正式に崩御を発表。同日、践《せん》祚《そ》の儀を執り行って皇太子が皇位を嗣ぎ、小渕官房長官がテレビで大きく「平成」と記された色紙を掲げて新元号を発表した。『史記』にある「内平外成（内平かに外成る）」、『書経』の「地平天成（地平かに天成る）」から二文字をとった元号である。

その後、昭和天皇の葬儀が行われることになるが、その実施方法を定めた法令が存在しない。そのうえ、天皇の葬儀は憲法違反になるのではないかという問題が生じた。

## 昭和天皇の葬儀と憲法問題

旧皇室典範および皇室服喪令《こうしつふくもれい》・皇室喪儀令・皇室陵墓令などの皇室令はすべて昭和二十二年五月三日の日本国憲法施行と同時に廃止された。種々の皇室令は明治以来、必要に応じて定める形で布告され、近代の天皇と皇室の形をつくってきたのだが、それが一斉に廃止されると、そのままでは皇室の運営ができないことになる。そのため、皇室の財政を定めた皇室経済法が新たに制定されたが、皇室令の多くは廃止されたままだった。その廃止に先立って「新しい規程が出来ていないものは、従前の例に準じて処理する旨の文書課長名による依命通牒《いめいつうちょう》」が出された(『昭和天皇実録』昭和二十二年四月三十日)。依命通牒とは役所の通達によって対処することである。

天皇の葬儀については、戦後の皇室典範でも「天皇が崩じたときは、大喪の礼を行う」(第二十五条)、「天皇、皇后、太皇太后及び皇太后を葬る所を陵、その他の皇族を葬る所を墓とし」(第二十七条)とあるだけで、具体的な実施方法などは定めがない。そこで依命通牒によることになるが、従前の例に準じれば神道式になる。それは日本国憲法がすべての国民に保障する信教の自由と政教分離原則に違反するのではないか。

もし、天皇の葬儀費が国庫から支出されるなら、憲法第八十九条「公金その他の公の財産は、宗教上の組織若《も》しくは団体の使用、便益若しくは維持のため、又は公の支配に属しない慈善、教育若しくは博愛の事業に対し、これを支出し、又はその利用に供してはならない」という規定に抵触しないか。こうした問題が生じた。

日本国憲法下での天皇の行為は三つに分類される。❶国事行為、❷公的行為、❸その他の行為である。

❶国事行為は、国会の召集、国務大臣の認証など、憲法に規定された行為。❷公的行為は、国事行為ではないけれども公的な意味が強いもので、国体や植樹祭などへの臨席、園遊会の主催、国内の行幸・巡幸、外国への公式訪問などである。この❶と❷がいわゆる「御公務」にあたり、その経費は皇室経済法により国費から支出される。

❸その他の行為の中心は宮中三殿での祭祀で、伊勢神宮等への参拝や例大祭に際しての勅使の派遣も含まれる。それらは宗教的色彩が強いことから天皇家の私事とされ、その経費も皇室の私費として毎年一定の額が決められている内廷費でまかなわれる。一般の公務員が公費から支給される給料を私生活の費用にあて、神社に参詣して玉串料を奉納しても問題はないように、宮中祭祀が天皇の私事として為されるなら、政教分離原則に抵触することにはならない。しかし、戦前には天皇の行為の中心で公務中の公務だった祭祀が私的行為とされたのは大きな違いである。

では、大行天皇（亡き天皇）の葬儀は新天皇にとって公務なのか私事なのか。国はどのようにかかわるのか。

じつは戦後に、昭和天皇の葬儀の先例となる大葬があった。昭和二十六年、大正天皇の皇后だった貞明《ていめい》皇太后が崩じた。その葬儀が戦後初の大葬である。

## 貞明皇后の葬儀

貞明皇后は、実子の昭和天皇の践祚後は皇太后だが、葬儀に際して「貞明皇后」という追号がおくられた。画数が少なく平易な「大正天皇」のペアとしてふさわしいようにつけられたという。前述したように家庭的に育児をした最初の天皇・皇后である。皇太后になってからは現在の東宮御所の場所（港区元赤坂）につくられた大宮御所《おおみやごしょ》に暮らした。

貞明皇后は還暦をすぎても持病はなく、健康だった。昭和二十六年五月十七日午後三時三十分のその時も、御所の清掃などをする奉仕団に会いに出ようとしていたところ、突然の狭心症で急逝した。

にわかに大葬を営むことになったが、それを定めた皇室令は廃止され、よるべき法令がない。翌十八日未明、宮内庁長官田島道治《たじまみちじ》らが法制問題を協議し、旧皇室服喪令の規定による大喪儀を国葬に準じて国の儀式として行うことにした。依命通牒により、従前の例に準じて対処することにしたのである。国葬に関しては、国葬令が大正十五年に天皇の勅令として公布され、それも戦後は失効状態だったが、その第一条「大喪儀ハ国葬トス」を生かして国庫からの経費の支出を可能にした。

十九日に大宮御所で御舟入《おふねいり》の儀（納棺）、六月二日に霊柩を奉安する殯宮移御《ひんきゅういぎょ》の儀、そして同月二十二日、斂葬《れんそう》の儀（本葬の告別式から埋葬までの儀式）が行われた。葬場殿《そうじょうでん》は皇族の墓所である豊島岡墓地につくられ、午前中に葬場殿の儀を営む。午後、霊柩は武蔵陵墓地に列車で送り、天皇・皇后は自動車で向かって、午後三時十五分に着。それより陵所の儀が行われ、大正天皇陵の隣に築かれた円墳に柩が埋葬され、多摩東陵と名づけられた。旧例に準拠しながら全体に簡素化されたこと、以前は夜間に行われた斂葬が昼間になったことが大きな違いである。

また、従来は葬場殿の前に鳥居を立てるのが習わしだったが、それは立てられなかった。まだ日本がＧＨＱの占領下にあった時期のことである。ＧＨＱから国葬を差し止められることを恐れて神道色を薄めるためだったが、井上『天皇と葬儀』には、宮内庁がＧＨＱに葬儀の形についておうかがいを立てたところ、「葬儀は宗教行事であり、信仰の自由に基づいて、いかなる形式でもかまわない」という回答だったという。しかし政府は、鳥居を立てずに神道色を薄めて皇后の大葬を行った。

なお、第九章「大正天皇の生涯と大葬」で述べたように、貞明皇后の柩には、皇族や女官が「南無妙法蓮華経」とか「南無阿弥陀仏」と書いた紙を丸めてクッションのようにして入れたという証言がある。そのようなことが「葬式仏教」として強く批判されるようになったのは、戦後のことである。

戦前・戦中に寺院も神社も盛んに戦勝祈願を行ったことなどから、戦後、宗教儀式は無知蒙昧な呪術として批判されるようになった。メディアの論壇では、宗教は権力が人民を搾取しても自覚させない阿片だというマルクス主義の論が持ち出され、仏教各宗も教義から祈禱色を薄めることに努めた。仏教学者も仏教は哲学であって宗教ではないという論を立て、日本の仏教は元来のものではないと批判した。また、仏教は「生きるための教えだ」と主張して、長い歴史のなかでつちかわれた死後の世界への視座は大きく失われた。

戦後は仏教に限らず、メディアや知識人層を中心に伝統文化は低劣で後進的なものとして全否定する傾向があった。漢字はできるだけ少なくすること（これはGHQの指令でもあった）、さらには日本語の表記は全面的にローマ字に改めるべきだという論まで現れ、明治維新時の神仏分離に匹敵する歴史と文化の断絶が生じた。しかし、そういう表層の批判とは別に、寺々は檀家の葬儀を担いつづけ、皇后さえ「南無妙法蓮華経」の題目や「南無阿弥陀仏」の念仏とともに送られたのだった。

こうして貞明皇后の大葬は無事に終わったのだが、大葬関係の法令が整えられることはなく、憲法との関係もあいまいなままだった。そのため、昭和天皇の葬儀でも、国家がかかわることの是非が問われることになった。

昭和天皇の崩御の近いことが予想された昭和六十三年、天皇の葬儀に関する二冊の本が刊行された。笹川紀勝『天皇の葬儀』（一九八八年九月刊）と田中伸尚『大正天皇の「大葬」』（同十二月刊）である。それぞれ、天皇の大葬がもつ問題点を指摘している。

## 警察による国民の統制――国家行事への警戒

『大正天皇の「大葬」』の著者田中伸尚は元朝日新聞記者で刊行時はフリージャーナリストだった。表題のとおり大正天皇の大葬を取り上げた本だが、副題に「「国家行事」の周辺で」と付し、もっぱら警察の記録によって警備の厳重だったことを詳述している。

大正天皇の大葬は、ソビエト連邦成立の波及を恐れた政府が治安維持法を制定した翌年のことだった。警察は鹵簿《ろぼ》（葬列）の沿道の住民を徹底的に調べ上げるなど、厳重な警備態勢をしいた。警察による人民の統制という観点から見れば、ひとつの事件である。田中伸尚は昭和天皇不例の発表があってからの自粛が大正天皇のときよりも過剰であると見て、皇室儀礼が権力による民衆の統制に利用されるのではないかと警告する。同様の主張は昭和天皇の大葬をめぐる新聞記事にも見られる。

たしかに、国家が人民を抑圧する面はあるし、「国益優先」という国家エゴイズムが地球環境問題などさまざまな国際問題への取り組みを困難にしている面もある。田中の著書は国家権力＝悪という比較的単純な図式で論じられているのだが、しかし、「国」のない世界は今のところ考えられない。そして国家の維持と行政には良くも悪くも権力システムが欠かせない。ゆえに権力を監視する世論が重要なのだが、メディアのあまりに単純な権力批判は情緒的な反発を煽って、しばしば実質的な論議を封じる働きをしてしまう。

### 信仰と憲法のはざまで——クリスチャン憲法学者の見解

『天皇の葬儀』の著者笹川紀勝の刊行時の肩書きは国際基督教大学の教授（憲法学専攻）である。自身もクリスチャンである笹川は、まず、その死生観から語る。


キリスト者にとって死は罪の結果であり、罪からの救いとかかわる。したがって、神の審判によって新しいいのちが始まる契機でもある。これが復活信仰に立った死のとらえかたであると思う。

ところで世の中には、死を忌《い》むべきもの、汚れたものと考え、なんらかの方法できれいに洗い流す、あるいは清めることができるという考えもある。（中略）つまり人間の知恵で死と取引きを試みる。しかし、これは無駄な抵抗である。

こうした無駄な抵抗は、まったく個人が行なうならさほど害はない。（中略）しかし、国家が権力をもって死と取引きしようとすると事情はまったく変わってくる。（中略）現在の日本国憲法の考え方によれば、国家が死をどうこうすることはまったく認められない。その理由は二つある。

一つには、国家は宗教に対して中立でなければならないという理由である。（中略）もう一つには、国家は生命的存在ではなく、人為的な統治組織であるという理由である。そのために、国家の代わりに働く公務員が国家の意志を、行政過程の中で、個別具体的に決定し実現する。その場合、公務員の信仰を侵害するかどうかは重要な問題である。というのは、もし国家が特定の宗教に基づく行為を公務員に実行させるなら、公務員は意に反して宗教的行為をしなければならないから、その宗教の自由は失われている。つまり信教の自由（信仰の自由、宗教的自由ともいう）の侵害が起きている。その場合には、かりに、公務員が自らの宗教と合致する行為をしていても、客観的にはその人の自由は失われているし、さらにその行為を一般国民に及ぼしたときには、他人の信教の自由までも侵害していることになる。（中略）

このように、政教分離の原則と信教の自由の観点からは、国家が死を宗教的に扱うことは憲法論としては許されない。

（第一部「問題はなにか」「1政教分離の原則と信教の自由をめぐる問題」）

冒頭の「キリスト者にとって死は罪の結果であり、罪からの救いとかかわる」という一節は、もしかしたら、多くの人には意味不明かもしれない。笹川の本は雑誌『福音と世界』に連載した論文を加筆修正したものである。キリスト教雑誌の熱心な読者ならともかく、そこまで信仰や教義に関心のない人は、たとえクリスチャンでも、なかなか理解しにくいのではないだろうか。

キリスト教では、死者はすべて終末のときに復活させられ、最後の審判にかけられる。そして、神によって正しい人とされれば、永遠の天国に入れられるという。ゆえに死は「新しいいのちが始まる契機」になるのだが、それは原理的な話で、実際には葬儀のときに亡くなった人がすぐに天国に召されるように祈るものである。また、たとえ天国があるとは信じられなくても、そういう形をとるのが葬儀である。

まして、「どうも自分に信仰や宗教があるとは思えない」という人が多い日本では、天皇の葬儀に原理的な宗教問題をもちこまれても困惑するのが現実であろう。とはいえ、神道式で行われる天皇・皇后の大葬に対して、自身の信仰に忠実でありたいと思う人もいる。一般の国民なら無視する自由があるが、職務としてたずさわる公務員はどうかなど、さまざまな問題を笹川は指摘する。

大きな問題のひとつに、前天皇の大葬で喪主となる新天皇は、その儀式にどこまで関わることができるのかということがある。

天皇の葬儀にかかわる法の仕組みをみてみよう。天皇の葬儀を国家の責任によって行なう国葬とするなら（その形態は法的に確定していない）、天皇の国事行為の一つである憲法第七条一〇号の「儀式を行ふこと」が問題となる。次に、国葬が国事行為の儀式として行なわれる場合、天皇はかかる国葬の実質的な内容を決定することはできない。なぜなら、天皇は国政に関する権能を有せず（同第四条）、内閣の助言と承認のもとに形式的儀礼的に国事行為をするに過ぎないからである。（中略）国葬の形態をどのようにするか、皇室宗教の儀式を取りこむか、それとも、皇室宗教の儀式のどれを国葬の儀式の中から除外するか、これらの問題を内閣が決定しなければならない。しかし、宗教とのかかわりでいえば、皇室宗教といえども一つの私的な宗教に過ぎないのだから、はたして内閣は、かかる宗教的形態を、自らの決断として、国家的儀式の中に取りこめるだろうか。（中略）その決断は内閣にすべてかかる。言い換えれば国会と国民は、天皇の葬儀に対する内閣の姿勢とあり方を問うことが許される。

（同第一部「問題はなにか」「3葬儀の執行と機能」）

法理論はとても原則的なので問題は次々と出て、いずれも解決しがたい。しかし憲法学者には、大葬を国家が行うことを違憲とする論が多いのだった。

一般の世論でも国家の行事が宗教的色彩をおびることには強い抵抗がある。そこで政府は大葬を三つの儀式に区分し、次の順序で行うことにした。

①葬場殿の儀…皇室の私的な行事として行う
②大喪の礼……政府主催の無宗教形式で行い、新天皇は国事行為として臨席する
③陵所の儀……埋葬の儀式で、皇室の行事として行う

このうち①③は従来の斂葬《れんそう》の儀にあたる。その間の②は参列者が告別の礼を行うもので、元来は①葬場殿の儀に含まれていた。それを分けて「大喪の礼」と名づけたのである。会場も分けるべきだという意見もあったが、招待者は外国の元首を含めて九千八百人に及び、

移動は困難だった。それで新宿御苑に斎場を設けて①②を連続して行うことになった。その一連の儀式で①と②を区分するため、宮内庁が苦肉の策で考案したのが、滑車をつけて可動式にした鳥居だった。①葬場殿の儀のときはボルトで固定して設置。葬場殿の儀が終わると、幔幕を閉じて鳥居を撤去し、②大喪の礼に移るという手順である。

その鳥居は幅二・四メートル、高さ二・七メートルの白木造りだった。小ぶりの鳥居だが、宮内庁職員がわずか二分で移動した。おかげで困惑した一団もあった。当時は大きな政党だった社会党の議員団は①葬場殿の儀を憲法違反として出席を拒否、②大喪の礼だけ参列することにし、短い幕間に大あわてで着席した。文化人等にも①②の二枚の招待状が送られ、それぞれの判断で参列を拒否する人もあった。両方に出席したけれど、①②の違いはよくわからなかったという人もあった。

ちなみに、国会で昭和天皇の大葬に関する議論が始まったのは昭和三十年代後半である。それから三十年近く何の立法化もされず、従前の例に準じて処理する依命通牒が踏襲されて、苦肉の策の可動式鳥居のようなところに落ち着いた。それはそれで、ひとつの知恵である。もし、天皇の葬儀を立法化しようとすれば、もっと鋭く憲法との関係が問われ、にっちもさっちもいかなくなることは必至であろう。

## 昭和天皇の大葬

昭和六十四年一月七日の崩御後、宮中では御舟入の儀（納棺）、殯宮移御の儀、殯宮二十日祭などが、ほぼ大正十五年の皇室喪儀令に基づいて行われた。

一月十七日、武蔵陵墓地で陵所の地鎮祭。同三十一日、追号奉告の儀。大行天皇（亡き天皇）に「昭和天皇」の名がおくられる。

二月二十三日、武蔵陵墓地で陵所祓除《ばつじょ》（お祓い）の儀。同日、宮中で霊代《たましろ》奉安の儀。霊代は仏式の位牌にあたるもので、一年間の諒闇《りょうあん》（服喪）期間は仮殿に安置し、それが過ぎると宮中三殿のうち歴代天皇をまつる皇霊殿に安置される。

本葬にあたる斂葬の儀は同月二十四日に行われた。

同日午前九時三十五分、柩《ひつぎ》を乗せた轜車《じしゃ》が皇居正門を出て葬場の新宿御苑に出発。旧来の牛車ではなく、自動車の霊柩車である。宮内庁楽部の雅楽と陸上自衛隊の弔砲二十一発に送られて皇居正門を出た轜車の車列は、国会議事堂正門前、憲政記念館前、神宮外苑前を通り、御苑まで約六・五キロの道をゆっくり四十分ほどかけて走った。斂葬の儀は貞明皇后のときから夜間ではなく昼間に変更されていたが、この日は朝から雨だった。春先の冷たい雨が煙るなかで沿道に二十万という人びとが並んだ。

新宿御苑の正門の内側には葬場の総門がある。その真っ正面に葬場殿をつくり、中央の通

**葬場殿に向かう葱華輦**　かついだのは、京都の八瀬童子《やせのどうじ》ではなく、皇宮警察の護衛官51人だった（時事）

路の左右には参列者席の幄舎《あくしゃ》を設けるのは、明治天皇・大正天皇のときと同じだが、葬場殿の前に黒い幔幕を開け閉めできる幔門《まんもん》がつくられていたのが特異である。前述したように鳥居の移動を参列者の目から隠すためだ。

霊柩は伝統の葱華輦《そうかれん》（輿）にうつし、総門からまっすぐに通路を進んで葬場殿に安置する。

このときには鳥居が設置されており、幣帛《へいはく》を奉じて新天皇による誄《しのびごと》（追悼の言葉）の奏上、皇族の拝礼など、神道式の葬場殿の儀が皇室の行事として行われた。

それが終わると、鳥居を移動し、国の行事である大喪の礼が行われた。大喪の礼は政府主催で、委員長は時の内閣総理大臣竹下登、式の進行は小渕恵三内閣官房長官が行う。

大喪の礼で天皇と皇后が改めて葬場殿前で

礼拝、正午から参列者全員の一分間の黙禱。世界百六十四ヵ国の元首・特使ら、衆参議長、最高裁判所長官、都道府県知事、各界代表が参列し、弔辞の奉読などが行われた。

こうして葬場の儀式を終えると、柩をふたたび自動車に乗せ、車列を組んで首都高速・中央自動車道を走り、八王子インターを出て午後三時過ぎに武蔵陵墓地に到着。柩を埋葬する陵所の儀は皇室の儀式として営まれ、その陵は「武蔵野陵」と名付けられた。陵の形は、大正天皇・貞明皇后陵と同様の円墳である。

## 改めて問われた昭和天皇の戦争責任

昭和天皇の大葬の日、天皇制を見直したり、憲法の政教分離問題を考える集会が全国各地で開かれた。東京都内では十一ヵ所で約三千人が参加して集会やデモ行進をし、「憲法違反の葬儀を強行し天皇への賛美と弔慰を強要するのは許せない」という発言が相次いだ（読売新聞二月二十四日夕刊）。葬場に向かう車列に二名の過激派運動家が「天皇制反対」を叫んで突入して取り押さえられたり、霊柩車が武蔵陵墓地に向かう中央高速の土手に時限爆弾が仕掛けられたりする事件もあった。その爆弾は実際に爆発し、路面に土砂が崩れ落ちたが、霊柩の車列が通る三十分前だったので通過に支障はなかった。

天皇の戦争責任についても改めて問われた。

**昭和天皇大葬の葬場殿**　大葬の翌日から3月5日まで新宿御苑の葬場殿が遺影を安置して公開された（時事）

大問題になったのは、天皇不例の報道が続いていた昭和六十三年十二月七日、長崎市の本島《もとしま》等《ひとし》市長の市議会での発言だった。天皇の戦争責任についての議員の質問に対し、本島市長が「外国や日本の歴史家の記述を見ても、そうだし、私が軍隊生活で教育関係の仕事をしたことからも、天皇の戦争責任はあると思う」（朝日新聞十二月八日朝刊）と答えた。本島市長は大喪の礼に出席した後の記者会見でも「戦争は天皇に始まり、天皇を唯一の中心として進行し、そして天皇の名において終わったと思う」（朝日新聞二月二十五日朝刊）と述べている。これほどはっきりした意見でなくても、あいまいなまま済まされてきた天皇の戦争責任について、今も釈然としない思いをもつ人は多いのではないだろうか。

前述したように、昭和天皇の戦争責任は過去に三度問われた。一度目は昭和二十年の終戦直後、二度目は東京裁判の判決が下されたとき（一九四八年）、三度目はサンフランシスコ講和条約によって日本が独立を回復したとき（一九五二年）である。いずれも、けじめをつける意味で退位すべきではないかという意見が側近にもあり、天皇自身も同意するところがあった。しかし、社会の不安定化を懸念するGHQや時の政権によって、そのつど退位論は封じられた。その三度目、昭和二十七年四月二十八日にサンフランシスコ講和条約が発効して独立を回復したときは、天皇が国民に対してみずから戦争の責任について語り、区切りをつける機会だった。同年五月三日、皇居前広場で催された「平和条約発効並びに日本国憲法施行五周年記念式典」に臨席した天皇は次の「お言葉」を読み上げた。

平和条約は、国民待望のうちに、その効力を発し、ここにわが国が独立国として再び国際社会に加わるを得たことは、まことに喜ばしく、日本国憲法施行五周年の今日、この式典に臨み、一層同慶の念に堪えません。

さきに、万世のために、太平を開かんと決意し、四国共同宣言（ポツダム宣言）を受諾して以来、年をけみすること七歳、米国を始め連合国の好意と国民不屈の努力とによつて、ついにこの喜びの日を迎うることを得ました。ここに、内外の協力と誠意とに対し、衷心感謝すると共に戦争による無数の犠牲者に対しては、あらためて深甚なる哀悼と同情の意を表します。又特にこの際、既往の推移を深く省み、相共に戒慎《かいしん》し、過ちをふたたびせざることを、堅く心に銘すべきであると信じます。（中略）

この時に当り、身寡《か》薄《はく》なれども、過去を顧み、世論に察し、沈思熟慮、あえて自らを励まして、負荷の重きにたえんことを期し、日夜ただおよばざることを、恐れるのみであります。こいねがわくば、共に分を尽し、事に勉め、相たずさえて国家再建の志業を大成し、もつて永くその慶福を共にせんことを切望して、やみません。

（『昭和天皇実録』）

この記念式典会場の皇居前広場では、二日前に「血のメーデー事件」とよばれる騒乱があった。自衛隊の前身になる警察予備隊の発足（一九五〇年）を再軍備として抗議するメーデー参加者のデモ隊が皇居前広場に押しかけて警察隊と乱闘し、死者二名、重軽傷数百名を出した事件である。また、記念式典当日には宮内庁の雇員一名が天皇制反対の幟を立てて庁舎の煙突に登り、赤毛布を赤旗にして振る事件も起こった。

そうした世情のなかで天皇は「既往の推移を深く省み、相共に戒慎し、過ちをふたたびせざることを、堅く心に銘す」と反省の意を示し、「あえて自らを励まして、負荷の重きにたえんことを期し」と退位しないことを表明したのだった。
じつは宮内庁長官の田島道治は、もっとはっきりと謝罪の言葉を述べるべきだと考えていた。田島は一年も前から文案を練り、天皇とも相談しながら手を入れつづけた。加藤恭子はその手記を発掘し、前掲の著書『田島道治』で紹介している。

さて、この「おことば」については、〝ステートメント〟、〝作文〟、〝おことば〟などいろいろな表現で（田島の）「日記」の中に触れられてきたのだが、その手書きの草稿が道治の遺品として残っている。道治の手になるものだけではなく、他の人々のも含め合計十一種類の草稿が残っているので、ここでまとめて取り上げてみたい。（中略）
天皇の身近に仕えることとなった道治は、天皇が世界と国民に対してお詫びをなさりたい意思を強くもっておられたことを感じてきたのだろう。それを盛り込みたいという努力の跡が見られる。例えば二枚目に、
「戦争の惨禍は甚大を極め、思想の混乱経済の動揺による一般の不安疾苦亦《また》名状すべからず。一念こゝに及ぶ時まことに憂心灼《や》くの思ひに堪へず、菲徳《ひとく》未然に之をとゞめ得なかったことを深く祖宗と万姓に愧《は》ぢる」
と、戦争を防げなかったことを祖宗と多くの人々、つまり代々の天皇と国民に対し

て恥じるということがはっきりと表明されている。

文案には「敗戦の責任を深く国民にわびる」といった言葉もあったが、そのような直截《ちょくせつ》な表現は吉田茂首相が容認しなかった。メディアでも、天皇の責任を問うことは独立回復の歓声にかき消された。加藤は同書に「独立と憲法五周年記念式典はともかくも無事に終わり、〝退位〟にも一応の終止符が打たれたというのが大方の見方であった」という。

天皇の戦争責任論についても一応の終止符が打たれたのだが、左翼系論壇では天皇制は人民の抑圧機構と見られてきた。そうした背景もあって浮上したのが、昭和六十三年十二月の本島等長崎市長の天皇の戦争責任発言であった。

本島市長は右翼陣営からの激しい非難にさらされた。そして大葬から一年たった平成二年一月十八日、右翼団体の男が本島市長を銃撃して重傷を負わせる事件が起こった。暴力で言論を封殺するようなことは言語道断で、そんなことは誰も許さない。しかし、「天皇についてうっかりしたことは言えない」という雰囲気は今もある。

戦後の天皇は、地方巡幸や種々の行事への臨席などの「ご公務」を通して「日本国民統合の象徴」としての地位を築いてきた。しかしなお、戦争の暗い影も潜んでいる。

それゆえ、平成二十八年のビデオメッセージで天皇は「日本国憲法下で象徴と位置づけられた天皇の望ましい在り方を、日々模索しつつ過ごして来ました。伝統の継承者として、これを守り続ける責任に深く思いを致し、更に日々新たになる日本と世界の中にあって、日本の皇室が、いかに伝統を現代に生かし、いきいきとして社会に内在し、人々の期待に応えていくかを考えつつ、今日に至っています」と述べて、昭和天皇の戦後を引き継ぎ、なお重い責務があることを言明された。

天皇は何もしなくても存在するだけで意義があるとか、国民のために祈ることが役割だという意見もある。しかし、それだけで伝統を守れるわけではない。

現代の天皇は、公務を通して常に国民に接しつづけることがなければ、その伝統を現代に生かすことはできないし、「日本国民統合の象徴」にはなりえない。それが天皇に課せられた重い責務である。ゆえに、高齢のためにそれが十分に行えないと自覚されたとき、退位を望む旨のメッセージを国民に発せられたのだろう。

# 引用・参考文献（発行所名は発行時の社名）

【全章または複数の章にわたる引用・参考図書】
井上亮著『天皇と葬儀　日本人の死生観』新潮社（新潮選書）２０１３
藤井利章著『天皇と御陵を知る事典』日本文芸社１９９０
外池昇著『検証　天皇陵』山川出版社２０１６
小倉慈司・山口輝臣著『天皇と宗教』（「天皇の歴史」第九巻）講談社２０１１
山折哲雄著『天皇と日本人』大和書房２０１４
吉野裕子著『天皇の祭り』講談社（学術文庫）２０００
薗田稔・橋本政宣編『神道史大辞典』吉川弘文館２００４
藤巻一保著『天皇の仏教信仰』学研パブリッシング２０１３
島薗進著『国家神道と日本人』岩波書店（岩波新書）２０１０
宮内庁編『明治天皇紀』（全十二巻）吉川弘文館１９６８〜１９７５
泉涌寺編『泉涌寺史』法藏館１９８４
藤田覚著『江戸時代の天皇』（「天皇の歴史」第六巻）講談社２０１１

【第一章】
原奎一郎編『原敬日記』（第三巻）福村出版１９６５
今泉宜子著『明治神宮　「伝統」を創った大プロジェクト』新潮社（新潮選書）２０１３

【第二章】
森浩一『天皇陵古墳への招待』筑摩書房（筑摩選書）2011
和田萃著『日本古代の儀礼と祭祀・信仰』塙書房1995
青木和夫他校注『続日本紀』（新日本古典文学大系第十二〜十六巻）岩波書店1989〜1998
井上光貞他校注『律令』岩波書店（日本思想大系3）1977
森田悌訳『日本後紀』全三巻・講談社（学術文庫）2006〜2007
森田悌訳『続日本後紀』全二巻・講談社（学術文庫）2010
永積安明他校注『保元物語　平治物語』岩波書店（日本古典文学大系31）1961
【第三章】
西行『山家集』伊藤嘉夫校注「日本古典全書」朝日新聞社1947
今川文雄訳『訓読　明月記』第六巻・河出書房新社1979
山本ひろ子著『中世神話』岩波書店（岩波新書）1998
【第四章】
渡邊大門著『戦国の貧乏天皇』柏書房2012
伊藤正敏著『寺社勢力の中世　無縁・有縁・移民』筑摩書房（ちくま新書）2008
【第五章】
今井宇三郎他校注『水戸学』岩波書店（日本思想大系53）1973
岡部精一他編『蒲生君平全集（山陵志）』東京出版社1911
鶴澤探眞画『文久山陵図』新人物往来社2005

【第六章】
武田秀章著『維新期天皇祭祀の研究』新人物往来社2005
宮内庁蔵版『孝明天皇紀』(全五巻+附図)平安神宮1967〜1969　附図1981
【第七章】
宮内庁編『明治天皇紀』(全十二巻)吉川弘文館1968〜1975
明治神宮監修『明治天皇紀附図』吉川弘文館2012
久米邦武著『久米邦武歴史著作集3』吉川弘文館1990
菅沼竜太郎訳『ベルツの日記』全二巻・岩波書店(岩波文庫)1979
飛鳥井雅道著『明治大帝』講談社(学術文庫)2002
【第八章】
生方敏郎著『明治大正見聞史』中央公論社(中公文庫)1978
徳冨健次郎(蘆花)著『謀叛論』岩波書店(岩波文庫)1976
徳冨健次郎(蘆花)著『みみずのたはこと』上下巻・岩波書店(岩波文庫)1977
平岡敏夫編『漱石日記』岩波書店(岩波文庫)1990
夏目金之助『漱石全集』第九巻・岩波書店1994
森鷗外著『鷗外全集第三十五巻(日記)』岩波書店1975
【第九章】
原武史著『大正天皇』朝日新聞社(朝日選書)2000
猪瀬直樹著『天皇の影法師』朝日新聞社1983

【第十章・十一章】
宮内庁『昭和天皇実録』東京書籍２０１５〜刊行中
末木文美士著『日本の思想をよむ』角川学芸出版２０１６
野崎六助著・ＧＨＱクラブ編『占領を知るための10章』汎世書房２０１７
加藤恭子著『田島道治　昭和に「奉公」した生涯』ＴＢＳブリタニカ２００２
『国体の本義』文部省１９３７国立国会図書館デジタルコレクション
保阪正康著『昭和天皇』中央公論新社２００５
田中伸尚著『大正天皇の「大葬」』第三書館１９８８
笹川紀勝著『天皇の葬儀』新教出版社１９８８

【図版】
国立国会図書館デジタルコレクション：古事類苑刊行会『古事類苑』／秋里籬島著『都名所図会』／大喪使編『明治天皇御大喪儀写真帖』／帝国軍人教育会編『御大葬写真帖』／市田幸四郎編『明治天皇御大葬鹵簿御写真集』／帝国図書普及会編『明治天皇御大喪儀明細録』／水谷次郎著『大正天皇御物語』／東洋文化協会編『皇室皇族聖鑑　大正篇』／東京市編『大正天皇御大葬奉送誌』

## おわりに　皇室の今後

平成二十九年六月に「天皇の退位等に関する皇室典範特例法」が成立した。平成三十年度を目途に今の皇太子への譲位が行われる見込みである。現在の皇室典範は、嫡出の男系男子のみを皇位継承者とするので、皇嗣は弟の秋篠宮文仁《ふみひと》親王になるが、その次の世代の男子は平成十八年生まれの悠仁《ひさひと》親王しかいない。このため、特例法には「政府は、安定的な皇位継承を確保するための諸課題、女性宮家の創設等について、（中略）検討を行い、その結果を、速やかに国会に報告すること」という付帯決議がつけられた。

このさい、女性天皇を認めるべきだという意見もある。過去に推古天皇をはじめとして八人の女性の天皇がいたからだ。しかし、女性天皇の子が天皇になったことはない。女性天皇の子や孫が天皇になれば、それが男子でも女系天皇ということになるが、その例はないのである。ゆえに、女性天皇はまだしも、女系天皇が誕生することは日本の伝統を根本から揺るがすものとして強い反対がある。

女性宮家の創設については、皇室典範に内親王が結婚すれば皇籍を離脱すると定められているのだが、そうしなくてもいいのではないかという世論がある。女性宮家を認めなければ皇族が減って公務に支障をきたすという事情もある。しかし、女性宮家の創設を認めれば、その宮家に生まれた子が皇位継承権をもつのかどうか。女系天皇が生まれる糸口になるという理由で反対する意見もある。

私は女性宮家も女系天皇も認められていくのではないかと思う。万世一系の皇統もひとすじではなく、折々の状況の中で変革されてきたからだ。また、伝統は古いままでは存続しえない。時代に合わせてモダン化されることによって活性化されるものである。明治以降の近現代の天皇と皇室のありかたは、それ以前と比べれば新しいことだらけであり、その新しい伝統の上に万世一系といわれる皇統が成り立っている。

いずれはあるであろう平成の天皇・皇后の大葬も、「はじめに」で引用した「お気持ち」を汲んで火葬になるのではないだろうか。戦後の先例もある。昭和二十八年に薨去した秩父宮（昭和天皇の弟）は遺言によって火葬され、遺骨が豊島岡墓地に納められた。平成二十八年薨去の三笠宮も火葬だった。その火葬は民間経営の落合斎場（東京都新宿区）において、使用料十七万七千円の特別殯館（一般人も利用可）で行われた。平成の天皇・皇后の場合は特別の斎場が設けられるだろうが、いずれにせよ、時代の変化に即したものになることだろう。

ところで、本年八月十五日、東京都千代田区の日本武道館で催された全国戦没者追悼式に天皇・皇后が臨席し、追悼の「おことば」を述べられた。

本日、「戦没者を追悼し平和を祈念する日」に当たり、(中略)さきの大戦において、かけがえのない命を失った数多くの人々とその遺族を思い、深い悲しみを新たにいたします。(中略)ここに過去を顧み、深い反省とともに、今後、戦争の惨禍が再び繰り返されないことを切に願い、全国民と共に、戦陣に散り戦禍に倒れた人々に対して、心から追悼の意を表し、世界の平和と我が国の一層の発展を祈ります。

平成の天皇が終戦記念日の全国戦没者追悼式に臨まれるのは、来年が最後になるかもしれない。追悼式そのものは恒例の行事として継続し、次の天皇の「おことば」にも「戦争の惨禍が繰り返されないことを願う」といった文言が盛り込まれるだろう。しかし、次の天皇も、国民の多くも、戦争の惨禍を直接には知らない。そのとき、平和を願う新しい言葉が生まれるのだろうか。

戦後の昭和天皇と平成の天皇は、ずっと、戦禍に見舞われた人びとへの贖罪の旅を続けてこられたように思う。

では次の天皇は、その「望ましい在り方」として何をされるのだろう。

現在、日本は激変している。少子高齢化・人口減少によって縮小する未来、激甚化する自然災害、情報化によるイノベーションの拡大、国際化などが進むなかで、これからの天皇のありかたが問われることになる。現在は、民族・宗教対立などによって国際社会の混乱が増すなかで戦前の国体明徴運動のようなナショナリズムが「美しい日本」といった新しい言葉で復活する兆しもあるが、これからの天皇は、いわゆる大和民族だけの象徴ではありえない。「日本国民統合の象徴」だという日本国民には、世界のさまざまな国・民族をルーツにもつ人がいるし、今後はもっと増えていくと予想されるからだ。

こうした時代に天皇が平和と共存を求める姿勢を示されるには、多文化共生の現場に積極的に出かけられることも考えられるのではないかと私は思う。

本書の刊行にあたって講談社現代新書の丸山勝也氏はじめ編集部の皆様、校正者、いろいろ示唆をいただいた友人など多くの方のお力をいただきました。厚く感謝いたします。

大角　修

平成二十九年秋

N.D.C. 210　270p　18cm
ISBN978-4-06-288450-1

講談社現代新書　2449

# 天《てん》皇《のう》家《け》のお葬《そう》式《しき》

二〇一七年一〇月二〇日第一刷発行

著者　大角《おおかど》　修《おさむ》　

発行者　鈴木　哲

発行所　株式会社講談社
東京都文京区音羽二丁目一二—二一　郵便番号一一二—八〇〇一
電話　〇三—五三九五—三五二一　編集（現代新書）
〇三—五三九五—四四一五　販売
〇三—五三九五—三六一五　業務

装幀者　中島英樹

印刷所　凸版印刷株式会社

製本所　株式会社大進堂

定価はカバーに表示してあります　Printed in Japan

## 「講談社現代新書」の刊行にあたって

教養は万人が身をもって養い創造すべきものであって、一部の専門家の占有物として、ただ一方的に人々の手もとに配布され伝達されうるものではありません。

しかし、不幸にしてわが国の現状では、教養の重要な養いとなるべき書物は、ほとんど講壇からの天下りや単なる解説に終始し、知識技術を真剣に希求する青少年・学生・一般民衆の根本的な疑問や興味は、けっして十分に答えられ、解きほぐされ、手引きされることがありません。万人の内奥から発した真正の教養への芽ばえが、こうして放置され、むなしく滅びさる運命にゆだねられているのです。

このことは、中・高校だけで教育をおわる人々の成長をはばんでいるだけでなく、大学に進んだり、インテリと目されたりする人々の精神力の健康さえもむしばみ、わが国の文化の実質をまことに脆弱なものにしています。単なる博識以上の根強い思索力・判断力、および確かな技術にささえられた教養を必要とする日本の将来にとって、これは真剣に憂慮されなければならない事態であるといわなければなりません。

わたしたちの「講談社現代新書」は、この事態の克服を意図して計画されたものです。これによってわたしたちは、講壇からの天下りでもなく、単なる解説書でもない、もっぱら万人の魂に生ずる初発的かつ根本的な問題をとらえ、掘り起こし、手引きし、しかも最新の知識への展望を万人に確立させる書物を、新しく世の中に送り出したいと念願しています。

わたしたちは、創業以来民衆を対象とする啓蒙の仕事に専心してきた講談社にとって、これこそもっともふさわしい課題であり、伝統ある出版社としての義務でもあると考えているのです。

一九六四年四月　野間省一